LES

JOURS D'ÉPREUVE

LES
JOURS D'ÉPREUVE

1870 — 1871

PAR E. CARO

Membre de l'Institut

LES DEUX ALLEMAGNES

L'IDÉE DE LA PATRIE

LA RÉPUBLIQUE ET LA RÉVOLUTION

LA FIN DE LA BOHÈME

LA VRAIE ET LA FAUSSE DÉMOCRATIE

PARIS

LIBRAIRIE HACHETTE ET Cie

79, BOULEVARD SAINT-GERMAIN, 79

1872

AVANT-PROPOS

J'ai réuni sous le même titre quelques pages écrites pour la *Revue des Deux Mondes* dans le cours de l'année qui expire aujourd'hui, et qui restera, dans le souvenir des générations, l'année maudite. J'espère que le lecteur, en reconnaissant ici quelques-unes de ses impressions personnelles, ses douleurs, ses anxiétés, parfois même ses illusions, me pardonnera d'en avoir conservé l'accent ému, la note vraie, celle de l'heure et du moment. Il n'est pas un seul de ces différents morceaux qui ne porte une date lugubre, rappelant nos malheurs ou nos fautes, la barbarie de nos vainqueurs ou le délire de la guerre civile, épisode inouï de la guerre étrangère. Mais dans chacun d'eux, je l'espère, on reconnaîtra la même inspiration, la même passion, une seule, un patriotisme ardent, dégagé par son ardeur même et sa sincérité douloureuse de toute autre pensée, désintéressé de tout ce qui n'est pas uniquement et exclusivement la France !

Paris, 31 décembre 1871.

PREMIÈRE PARTIE

LA GUERRE

I

LES DEUX ALLEMAGNES

MADAME DE STAEL ET HENRI HEINE

Connaître bien ses ennemis, à la guerre et en politique, c'est le commencement de la sagesse. C'est pour cela que j'ai voulu relire deux ouvrages publiés sous le même titre à l'intervalle d'un quart de siècle par deux écrivains célèbres, — l'*Allemagne* de Mme de Staël et celle de Henri Heine. — Rien ne les rapproche que le sujet. Ils diffèrent complétement par le point de vue des deux auteurs aussi bien que par le style et les formes de l'art. C'est cette opposition même dont j'ai voulu me rendre compte. Le sujet qu'ils traitent est d'ailleurs de ceux qui auront longtemps pour nous un poignant intérêt.

Quand un grand malheur est survenu dans la vie d'un homme ou dans celle d'une nation, après le premier moment d'accablement, c'est une consolation sévère, mais enfin c'en est une, de se demander s'il était possible de se tenir en garde contre la fatalité. La fatalité! une chose et un mot à la fois, — une réalité terrible, un joug de fer dont nous sommes nous-mêmes les artisans funestes, en même temps un nom commode sous lequel se cachent nos fautes et nos imprévoyances. — On ressent alors une sorte de curiosité tristement passionnée, un désir violent de remonter le cours du passé pour y surprendre les avertissements mal compris, les pressentiments négligés. On veut consulter les oracles dont la voix s'était perdue dans le tumulte des événements ou dans le bruit de notre propre frivolité; on éprouve je ne sais quel plaisir amer à se rendre compte des occasions qui s'étaient offertes d'échapper au sort que l'on s'est fait, en s'éclairant mieux sur le tempérament d'un peuple, sur l'humeur d'une race, sur l'idée que cette nation se forgeait à elle-même de ses destinées, enfin sur la réputation plus ou moins légitime qu'elle avait méritée ou usurpée dans le monde. Il y a des peuples qui valent mieux que leur réputation, il y en a d'autres qui valent moins qu'elle, d'autres qui valent autrement. De là naissent parfois de terribles malentendus qui ont de longs retentissements dans l'histoire.

I.

Un de ces malentendus sur lequel nous vivions depuis plus d'un demi-siècle, et qui nous a coûté cher, avait été créé, entretenu par la générosité sans mesure de nos écrivains. Je crains que toute l'intelligence, tout l'art et le cœur de Mme de Staël n'aient réussi qu'à nous donner du peuple allemand une idée légèrement chimérique, un *idéal,* dirais-je plutôt, dont ces prétendus ingénus ont été les premiers à sourire. Les vrais ingénus, c'était nous. Parmi tant d'épreuves et de disgrâces de tout genre, cette dernière nous était réservée. Nous voyons clairement aujourd'hui que tout notre esprit ne servait qu'à rendre notre naïveté incurable en lui enlevant ses deux garanties ordinaires, la défiance de soi et la méfiance des autres.

Rappelons dans quelles circonstances et sous quelles impressions a été composée l'œuvre de Mme de Staël. Nous comprendrons mieux par là comment avec la meilleure volonté d'être vraie, avec l'intelligence la plus pénétrante et la plus vive, elle n'a pu tracer qu'une esquisse incomplète, par certains côtés vague et confuse, plus éclatante de couleur que ferme de dessin, — brillante ébauche de fantaisie plutôt que portrait réel d'un peuple.

Ce n'est ni le talent, ni l'étude, ni le temps qui

ont manqué. La période de préparation du livre a été longue et bien remplie. Depuis 1804 jusqu'en 1810, il s'était établi à Coppet une émigration d'écrivains, de savants, une vraie colonie de la littérature germanique. Guillaume Schlegel, qui avait fixé sa résidence auprès de l'illustre châtelaine, était l'introducteur naturel de ses compatriotes, quelque chose comme le maître de cérémonies de la littérature allemande auprès de l'esprit français. Mais l'idée de l'œuvre remonte plus haut. Dès l'année 1800[1], Mᵐᵉ de Staël annonce à M. de Gerando qu'elle apprend l'allemand. En 1802, à plusieurs reprises, elle se montre très-préoccupée du système de Kant, qu'elle ne connaît que par l'exposition superficielle de Villers. C'est en 1803 que le projet considérable de faire connaître l'Allemagne à la France paraît arrêté dans son esprit, c'est depuis cette époque qu'il se développe avec l'intensité croissante d'une idée fixe, c'est aussi l'heure décisive où elle entreprend son grand voyage de découverte, d'exploration aux sources mêmes de cette littérature, qui étaient alors pour la France à peu près aussi inconnues que les sources du Nil.

Ce fut un voyage triomphal. Elle parcourut l'Allemagne, recevant partout des grands écrivains et

----

1. *Souvenirs épistolaires de Mᵐᵉ Récamier et de Mᵐᵉ de Staël,* par M. le baron de Gerando, procureur général près la Cour de Metz, 1868.

des cours germaniques les hommages que n'eût
pas obtenus une souveraine. Cependant il faut
dire qu'au premier bruit de son arrivée et à son
approche les grands représentants de la littérature
allemande prirent frayeur : Schiller s'inquiète et
se plaint, Gœthe l'olympien ressent lui-même
comme un trouble d'esprit qu'il cherche en vain
à dissimuler; il ne néglige aucune occasion de
différer l'entrevue, il ne s'y rend qu'avec hésita-
tion [1]. C'est qu'il a le pressentiment d'une supériorité dans Mme de Staël. Ce n'est pas celle des
idées ni de l'art qu'il redoute, c'est celle de
l'esprit, et particulièrement de l'esprit français.
Mme de Staël arrivait précédée d'une grande réputation, non-seulement comme une de ces reines
de salon dont le Paris du xviiie siècle avait été idolâtre, mais comme une femme d'un grand esprit
qui avait su renouveler le prestige de ces royautés
éphémères par l'étude et les méditations les plus
élevées. Presque depuis son enfance, elle avait eu
dans son pays la situation de la femme la plus éloquente de son temps. On n'ignorait rien de ses
grand succès, ni de son grand courage au milieu
des excès de la révolution; on savait la part merveilleuse qu'elle avait prise à la renaissance de la
société française, l'histoire piquante de son entrevue avec le premier consul, le rôle éclatant d'oppo-

1. Voyez la *Correspondance entre Gœthe et Schiller*, accompa-
gnée d'études littéraires par M. Saint-René Taillandier.

sition qu'elle avait soutenu en face de cette toute-
puissance trop sûre de sa force, enfin les causes
de cet exil que l'Europe changeait en un éclatant
triomphe. On devinait les défauts qui devaient être
la conséquence et comme la rançon inévitable de
ces succès éblouissants; l'habitude de dominer dans
la conversation devait avoir quelque peu gâté ce
merveilleux esprit. Il y avait de quoi faire trembler, non sans raison, les représentants les plus
illustres de la nature allemande, si opposée à
celle-là. Des saillies trop vives, des reparties trop
promptes, une mobilité trop grande d'idées, —
l'habitude des discussions triomphantes, des expédients ingénieux substitués à des raisons sérieuses,
la vivacité de la raillerie française toujours prête à
couvrir les défaites, voilà ce que l'on redoutait dans
la célèbre visiteuse attendue à Weimar. Ce n'est pas
la première fois que le génie, même sûr de lui, a
eu peur de l'esprit.

C'était une mauvaise condition pour bien voir un
pays nouveau, pour étudier une civilisation et une
littérature inconnues. Mme de Staël voyageait en
souveraine, en *sultane de la pensée*, comme on l'a
dit. Or on sait ce qu'est fatalement le voyage d'un
souverain. Dans les pays qu'il visite comme dans le
sien, un pareil voyage ne peut être qu'une brillante
fiction. On ne laisse apercevoir au royal visiteur
qu'une partie de la réalité, et encore tellement
ornée qu'elle n'est plus reconnaissable. Cela rappelle ces peintures et ces décors représentant des

cultures heureuses et des villages absents, pure fantasmagorie d'une prospérité artificielle étalée devant les yeux de la grande Catherine à travers les steppes et les marais de la Crimée. La réalité vraie échappe dans de telles circonstances au désir le plus sincère de s'éclairer. Les souverains, — ceux de l'esprit comme les autres, — portent avec eux une atmosphère d'illusion à laquelle bien peu ont su se soustraire.

Mme de Staël n'y put échapper. Elle ne vit que ce qu'on voulut bien lui laisser voir. Schlegel, son cicerone habituel, aida de toutes ses forces à cet innocent mensonge; il faut dire que, sans le vouloir et sans le savoir, Mme de Staël y aidait elle-même. Partout où elle allait, elle apportait son esprit plutôt qu'elle ne s'appropriait celui des autres. Elle avait trop d'idées en fermentation pour avoir le sang-froid de l'observateur. Elle ne parvint pas, malgré sa bonne volonté, à se déprendre d'elle-même, de ses formes et de ses habitudes d'esprit. Il y a sans doute bien de l'exagération dans les peintures que trace de ce voyage célèbre son impitoyable critique, Henri Heine, quand il nous la représente passant les savants en revue à la façon de Napoléon. « Comme celui-ci abordait les gens avec ces questions brèves et soudaines : quel âge avez-vous? combien d'années de services? de même Mme de Staël demandait brusquement à nos savants; quel âge avez-vous? êtes-vous kantien ou fichtéen? qu'est-ce que vous pensez des monades de Leibniz? — et autres choses pareilles, sans même attendre les réponses, tandis que son fidèle mameluk, Guillaume Schlegel, inscrivait les noms sur ses tablettes, dans la liste des élus qui seraient décorés de quelque citation louangeuse, pour ainsi dire d'une croix d'honneur littéraire, dans le livre *de l'Allemagne.* » Ces plaisanteries et d'autres de ce genre n'ont assurément qu'une valeur secondaire; elles marquent cependant assez bien la rapidité du passage de l'illustre voyageuse dans les domaines de l'esprit, la mobilité de son humeur interrogante, l'effet de tourbillon qu'elle dut produire sur les écrivains allemands, habitués à d'autres allures.

Schiller en conçut plus d'une fois un dépit assez vif; pardonnons-lui un peu de mauvaise humeur. En l'absence de Gœthe, retenu pour quelques semaines à Iéna, il était obligé de faire à Mme de Staël les honneurs de la littérature allemande, de la suivre, — au galop et en soufflant un peu, — à travers monts et vallées dans ses excursions intellectuelles, de soutenir contre elle en français, dans une langue qu'il parlait mal, les principes de son esthétique, — qu'il appelait sa religion, — et cela dans quel moment! Précisément dans ces heures d'inspiration où son âme se livrait tout entière au grand souffle héroïque et alpestre de *Guillaume Tell.* « Le démon m'amène ici *la philosophe française,* écrivait-il à Kœrner; c'est bien de toutes les créatures vivantes que j'ai rencontrées la plus mobile, la plus prête au combat et la plus fertile en paroles.

Et, comme par-dessus le marché je ne m'exprime pas facilement en français, j'ai réellement de rudes heures à passer. » Mais ces bourrasques ne durent pas ; le naturel de Schiller, qui est la générosité même et la justice, reprend le dessus : « c'est aussi la plus cultivée, la plus spirituelle des femmes, et, bien qu'elle nous arrive subitement du fond d'un autre monde comme une apparition inattendue, on est obligé pourtant d'estimer et d'honorer hautement cette femme pour sa belle intelligence, son esprit libéral et si ouvert de tant de côtés. »

Tel est aussi le dernier jugement de Gœthe après quelques jours de gêne, d'agacement, et après quelques épigrammes, vengeance innocente pour les heures perdues et les conversations trop françaises à son gré. Personne n'a loué en termes plus dignes et plus nobles, dans une page définitive, le projet poursuivi par Mme de Staël de faire connaissance avec la société allemande, de la coordonner, de la subordonner à ses idées, de s'éclairer sur les questions sociales, de pénétrer et d'approfondir avec *son grand esprit de femme* les idées les plus générales et la philosophie elle-même. « En somme, ajoute Gœthe, nous devons bénir cette gêne passagère qu'elle nous a donnée et ce conflit des individualités nationales, qui nous semblaient alors incommodes et tout à fait inutiles. » Voilà le jugement réfléchi, celui qui restera, et c'est justice. — Schiller, Gœthe lui-même, ont dû le premier essor de leur nom, le rayonnement de leur gloire en Europe, à ce noble pèlerinage de la pensée et de l'art qui les troubla plus d'une fois tous deux, l'un dans son consciencieux travail et sa religion d'artiste, l'autre dans la sérénité de sa vivante apothéose.

Malgré les conditions défavorables où elle s'était placée pour étudier à fond les choses et les hommes, en dépit des erreurs de perspective que lui créaient sa nature propre et les circonstances de son voyage, sur bien des points Mme de Staël a vu juste, et saisi d'un trait exact et vif ce qu'elle a bien vu. Ne lui reprochons pas d'être superficielle en tout ce qui touche à la critique religieuse ou à la philosophie. Il faudra de longues générations de penseurs et de savants après elle pour éclaircir ces difficiles matières. Songeons, pour être justes, qu'il y a eu chez nous, depuis trente années, deux ou trois périodes d'exégèse critique et philosophique, d'explication, d'exposition de ces systèmes, sans que nous soyons bien assurés d'être parvenus, sur ces points obscurs, à l'interprétation définitive. Chaque travailleur nouveau dans cette carrière toujours ouverte ne commence-t-il pas par déclarer qu'avant lui on a fait fausse route? Soyons donc indulgents pour cette partie de l'œuvre de Mme de Staël. Henri Heine, qui la critique si durement, aurait dû se souvenir à ce propos des anecdotes qu'il contait si bien. « Quand Reinhold pensait comme lui, Fichte déclara que personne ne le comprenait mieux que

Reinhold. Plus tard, celui-ci s'étant séparé de sa
doctrine, Fichte dit : « Il ne m'a jamais compris. »
Lorsqu'il s'éloigna de Kant, il imprima que Kant
ne se comprenait pas lui-même. Je touche ici,
ajoutait Heine, le côté comique de nos philosophes. Tous ils font entendre la même plainte.
Hegel au lit de mort disait : « Un seul homme m'a
compris; » mais il ajouta aussitôt : « Et encore
celui-là ne m'a-t-il pas compris lui-même. »

Après cet aveu, comment Heine s'étonne-t-il
que la *Critique de la raison pure* n'ait pas été scru-
tée dans ses profondeurs à cette date lointaine de
1810, et que le grand mouvement de la philosophie nouvelle prenne sous la plume de Mme de
Staël les proportions d'une simple théorie spiri-
tualiste élevée contre le sensualisme français? En
revanche, sur certains points de l'histoire littéraire comme le théâtre et le roman, l'auteur
retrouve tous ses avantages. Sur les tendances de
la nature allemande à la mysticité, au romanesque, sur le goût si expressif de cette littérature
pour les légendes, pour ces vagues terreurs de
l'imagination, ce que Mme de Staël appelle d'un
mot heureux « le côté nocturne de la nature, »
son livre abonde en observations délicates et fines;
les pages charmantes courent sans s'arrêter. C'est
qu'ici elle a bien vu ou plutôt deviné juste, et c'est
avec une vraie éloquence qu'elle traduit ses bon-
heurs d'intuition. Elle nous représente alors au
plus haut degré la sympathie et l'intelligence qui

en dépend. Ne sait-on pas en effet que l'intelligence d'un système, d'un livre, d'un art, peut naître d'un sentiment vif aussi bien que d'une méditation prolongée? On sent passer à travers le livre le souffle d'une âme enthousiaste et comme une effusion de générosité. C'est bien là une œuvre française par ce caractère incommunicable, par cette qualité qui du moins est bien à nous et qui nous restera.

Trop de .générosité, c'est un défaut pourtant. Le livre est optimiste jusqu'à l'excès. Pour en bien saisir la portée et l'inspiration, il faut tenir compte des dispositions d'esprit où était alors l'auteur, proscrit par un pouvoir ombrageux qui ne sut pas s'épargner l'odieux d'une lutte avec une femme. Elle arrivait en Allemagne, l'âme frémissante, pleine de colère contre la France du consulat, qui s'était livrée au vertige de la conquête, et suivait avec ivresse son guide terrible à travers les champs de l'Europe, parcourus à pas de géant. Pour elle, le peuple français était en train de faire un marché dans le genre de celui de Faust : il vendait son âme pour la conquête du monde, son âme, c'est-à-dire le culte de la pensée et de l'art, cet esprit de propagande désintéressée et d'enthousiasme libéral qui avait signalé la première période de la révolution et immortalisé les grands orateurs de la constituante. A cette nation oublieuse elle voulut donner à la fois une grande leçon et un grand exemple. Ce fut le peuple allemand

qu'elle choisit pour cela, et qui dut représenter
par contraste toutes les grandeurs morales du spi-
ritualisme, le désintéressement héroïque et simple,
le sublime dans la vie publique comme dans la
vie privée. Avec cette idée fixe, il était bien sûr
qu'elle ne verrait plus que ce qu'elle désirait voir.
A vrai dire, c'était encore la France, mais la France
de ses regrets ou de ses rêves, qu'elle avait en vue
quand elle admirait cette Allemagne de sa création; dans cette partialité passionnée pour ce
peuple qu'elle dotait si libéralement de tous les
beaux sentiments et de toutes les vertus, il y avait
une généreuse colère qui était encore du patriotisme. C'était de l'amour encore pour son pays,
mais de l'amour irrité.

C'est là toute l'inspiration du livre dans les parties où l'auteur étudie le côté moral de l'Allemagne. Elle cherche moins à peindre fidèlement
qu'à protester par cette peinture, selon le mot de
Jean-Paul, contre le matérialisme des encyclopé-
distes, des révolutionnaires et des soldats. Heine
comparait ce livre à la *Germania* de Tacite, qui,
lui aussi peut-être, en écrivant son apologie des
Allemands de ce temps-là, faisait la satire indirecte de ses compatriotes. Et c'est ainsi que l'on
vit naître dans l'imagination et sous la plume de
Mme de Staël une nouvelle Germanie, exclusivement idéaliste, patriarcale, enthousiaste, le foyer
de la pensée pure, la patrie des innocentes
amours, une vraie idylle enfin, de tout point l'anti-

thèse de cet autre grand peuple, vers lequel se tournent toujours ses regards avec son cœur, et que possédait alors, qu'entraînait dans d'autres voies le génie de la conquête et de la force.

De ce point de vue exclusif et de ce jugement par contraste, que d'opinions fausses, hasardées, devaient inévitablement sortir ! Ces singularités d'appréciation sautent aux yeux dès qu'on ouvre le livre. Quelqu'un qui prendrait à tâche de rassembler toutes ces louanges excessives, tournées en épigrammes contre la France militaire, et surtout les phrases célèbres qui éveillèrent *les susceptibilités de la police impériale, composerait avec ces louanges la plus terrible satire contre l'Allemagne d'aujourd'hui. On croirait, quand on rencontre quelques-unes de ces appréciations, qu'il s'agit d'une Allemagne antédiluvienne, découverte par un Cuvier nouveau pour l'édification ou mieux pour la raillerie du temps présent. Citons au hasard. Voici comment Mme de Staël explique la faiblesse et l'impuissance politique de ce bon peuple allemand : « L'habitude de l'honnêteté, écrit-elle, le rend tout à fait incapable, quand il le voudrait, de se servir de la ruse. Il faut, pour tirer parti de l'immoralité, être armé tout à fait à la légère et ne pas porter en soi-même une conscience et des scrupules qui vous arrêtent à moitié chemin. » Et dans la patrie de ces hommes d'État, dignes ancêtres de ceux que nous avons vus à l'œuvre, elle ajoute intrépidement : « On peut le dire à la gloire de cette nation, elle a presque l'incapacité de cette souplesse hardie qui fait plier toutes les vérités pour tous les intérêts. » Cette peinture, que j'abrége, se termine par ce trait inimitable : « les défauts de cette nation, comme ses qualités, la soumettent à l'honorable nécessité de la justice [1]. »

Mais ce qui ravit l'auteur, à l'égal de cette droiture inflexible des Allemands et de cette passion implacable pour la justice, c'est l'absence de tout esprit militaire, même en Prusse. Ceux qui ont cru l'y apercevoir se sont trompés. On a dit que la Prusse était une vaste caserne. Mme de Staël ne peut souffrir d'aussi injustes préjugés; elle proclame hautement « que c'est sous ce rapport que la Prusse vaut le moins, et que ce qui doit intéresser à ce pays, ce sont les lumières, l'esprit de justice et les sentiments d'indépendance. » Toute cette Allemagne, sans exception, est peuplée de spéculatifs qui n'ont aucun regard pour les intérêts d'une politique terrestre. Dans un comptoir, sur un champ de bataille comme autour du tapis vert d'un congrès ou d'une conférence, ils ont la nostalgie du ciel. On assure « qu'ils s'occupent de la vérité pour elle-même, sans penser au parti que les hommes peuvent en tirer, qu'ils s'attachent en tout genre à la contemplation, et cherchent dans le ciel l'espace que leur étroite destinée leur

1. Première partie, *des Mœurs et du Caractère des Allemands.*

refuse sur la terre. » En effet, nous l'avons bien vu, leur royaume n'est pas de ce monde. « Ils se disputent, nous dit-on, le domaine des spéculations, mais ils abandonnent aux puissants de la terre *le réel de la vie.* » Ce réel de la vie, c'est l'argent, ce sont les territoires, c'est la puissance matérielle, c'est la force. On pourrait dire qu'il n'est méritoire de dédaigner ces réalités que lorsqu'on est en mesure de les atteindre et que volontairement l'on s'en passe. Mme de Staël affirme que l'Allemagne les dédaigne. Soit, en 1810; mais il faut bien reconnaître qu'alors elle ne pouvait pas faire autrement, que sa vertu était du genre de celles que l'on fait avec la nécessité, et qu'en tout cas, depuis ce temps, ses goûts ont quelque peu changé avec sa fortune.

II.

La France entra avec un joyeux empressement dans la voie des larges sympathies que lui avait ouverte Mme de Staël. Son cœur et son génie sont naturellement hospitaliers. Généreuse jusqu'à la duperie, elle aime à admirer, elle aime à aimer : c'est pour elle la plus noble et la plus délicate des jouissances. Elle admira sans réserve l'Allemagne, elle l'aima sans restriction et sans défiance. Ah !

nous ne lui avons pas ménagé l'enthousiasme à
ce nouveau monde découvert par Mme de Staël et
révélé successivement dans ses riches domaines
par nos plus hardis et nos plus savants explora-
teurs! Quel peuple, d'un cœur plus sincère que
nous, a salué l'avénement de l'esprit germanique
dans la pensée et dans l'art? Qui s'est plu davantage à sentir le charme de cette honnête et naturelle grandeur de leurs poëtes ou de leurs savants?
Quel hommage empressé nous rendions à cette
simplicité de cœur, à cette gravité des mœurs de
la famille, à ce sérieux et à cette sincérité de la
vie, à cette profondeur de l'émotion poétique dans
les existences les plus humbles! On respirait avec
bonheur dans le monde enchanté de Schiller et
de Gœthe. Les Mignon, les Charlotte, les Doro-
thée, les Marguerite, étaient entrées de plain-pied
et sans effort dans notre imagination nationale.
Nous les avions adoptées avec ravissement, ces
filles du poëte ; elles faisaient partie de ce groupe
d'élite, figures bien vivantes, quoique idéales, plus
vivantes que la vie même, sur lesquelles est tombé
un rayon de la lumière immatérielle. Elles vivaient
de cette réalité transfigurée à côté de Virginie,
d'Elvire, de Valentine et d'Edmée, ces sœurs immor-
telles que la poésie et le roman leur ont données
en France. Dans les domaines de la science, c'était
plus que du goût, — c'était de l'engouement.
Nos savants mêmes se mettaient à l'école de
l'Allemagne ; ils renouvelaient leurs méthodes, ils

transformaient leurs habitudes d'esprit. Notre philosophie s'approchait d'abord avec une crainte respectueuse, puis avec une ardeur passionnée, de l'obscur sanctuaire où se prononçaient les oracles nouveaux. En même temps, des admirateurs sincères ne cessaient de nous montrer au delà du Rhin, dans ces races chastes, sévères et fortes, les plus beaux modèles de la vie spéculative, la recherche désintéressée du vrai, la plus haute culture de l'esprit, l'individualisme religieux dans son plus libre épanouissement, la notion du droit enfin approfondie à l'école de Kant, et qui semblait si bien d'accord avec l'instinctive moralité de ce peuple.

Qui donc nous a brusquement tirés de ce beau rêve? Prenons garde cependant à notre tour, et ne cédons pas à un mouvement de réaction injuste. Sachons nous défendre contre des entraînements violents ou puérils; la plus légitime colère est un mauvais juge. Ce serait faire preuve de faiblesse d'esprit que de renier nos sympathies par dépit contre les événements. Kant et Schelling ne doivent porter en aucun cas la responsabilité de nos malheurs, et celui de nous qui pour de pareils motifs goûterait moins Schiller ou Gœthe, celui-là prouverait qu'il est un excellent patriote et un médiocre esprit. Mais ce qui est légitime, c'est de ne pas paraître dupe et surtout de ne pas vouloir l'être. On peut se demander, tout en mettant à part notre admiration pour les grands penseurs qui ont illustré cette race, si l'on ne s'est pas quelque peu mépris sur les vraies tendances de la race elle-même, s'il est vrai qu'elle ait reçu une révélation plus claire que les autres du devoir, que le devoir soit tout pour elle, la réalité suprême, s'il est vrai enfin que ce peuple vive si profondément au sein de l'ordre moral que tout autre intérêt le trouve étranger et comme dépaysé au milieu des passions et des convoitises de ce monde.

Je ne fais que poser la question. Je la laisse à résoudre aux Allemands eux-mêmes, que j'appelle ici en témoignage. Ils avaient accueilli avec un plaisir bien naturel, non pourtant sans quelque raillerie, la louange de Mme de Staël, qu'ils appellent encore *la bonne dame (die gute frau)*. Sur ce sujet, les plaisanteries de Henri Heine ne tarissent pas. L'Allemagne de Mme de Staël, c'est pour lui « un nébuleux pays d'esprits où des hommes sans corps et tout vertu se promènent sur des champs de neige, ne s'entretenant que de morale et de métaphysique. » L'impitoyable railleur, l'Aristophane hégélien n'a pas assez d'épigrammes pour cette pâle contrefaçon de l'Élysée, où il se refuse à reconnaître les corps très-réels et les esprits très-substantiels de ses robustes compatriotes. Il nous prouve surabondamment que l'on méconnaît cette forte race, douée d'un grand appétit, de muscles solides et d'une complexion moins éthérée. Sous ses coups, qui tombent drus comme grêle, s'évanouit ce fantôme de l'idéalisme allemand nourri de rosées et de pleurs, suspendu entre ciel et terre, que Mme de Staël crut apercevoir un soir dans le crépuscule sur les bords de la Sprée.

Pour lui, c'est juste l'opposé qui est le vrai, tout son livre est la démonstration de la thèse contraire, livre étincelant de verve et de folle gaieté. Cette note même est déjà une contradiction piquante avec l'enthousiasme mélancolique de Mme de Staël; mais ce n'est là que l'expression sensible d'une contradiction fondamentale. Le point de vue presque unique où se place Henri Heine dans son histoire de l'Allemagne depuis Luther jusqu'à Hegel, c'est celui d'un immense réveil de la nature tyrannisée, étouffée depuis si longtemps par la conspiration des philosophies spiritualistes et des religions. Il nous assure que l'on ne peut rien comprendre à l'Allemagne, si l'on n'accepte pas d'abord ce point de vue : toute l'histoire intellectuelle de l'Allemagne lui paraît converger vers ce but unique, l'avénement du naturalisme, dont Hegel a été l'obscur révélateur, dont Luther, Kant, Fichte, Schelling, ont été les prophètes inconscients, et qu'ils ont tout au moins préparé par les grands mouvements intellectuels qui portent leur nom. Chacun de ces mouvements n'a été qu'une étape vers l'affranchissement définitif des vieux dogmes, la vraie révolution dont l'Allemagne seule a le pressentiment, parce qu'elle doit en avoir la direction et le profit.

Avec Luther, homme de tempérament germa-

nique et de rudesse plébéienne, la chair, meurtrie
par les chaînes, par les cilices, par le jeûne, mor-
tifiée par le célibat, reprend enfin ses droits naturels; « le prêtre redevient homme, prenant femme
et montrant au grand jour ses enfants. » C'est par
de tels coups de pinceau que Heine nous retrace
ces événements d'idée qui ont si profondément
changé l'Allemagne. Le plus grand de tous, c'est
l'apparition de la *Critique de la raison pure*. Ce
n'est rien moins que le 21 janvier du déisme :
Emmanuel Kant est le Robespierre de la révolution nouvelle. Voyez les jeux bizarres de la nature.
Elle semblait avoir créé ces deux hommes pour
être des bourgeois; mais la fatalité en décida autrement, elle jeta à l'un un roi, à l'autre un Dieu.
Puis apparaît Fichte, comme parut Napoléon quand
la convention eut démoli le passé. Napoléon et
Fichte représentent tous deux le grand *moi* souverain, pour qui la pensée et le fait ne sont qu'un;
mais leurs constructions colossales ne peuvent pas
durer, elles s'écroulent par la même cause, les
écarts de cette même volonté illimitée qui les avait
fait surgir du néant. Quant à Schelling, il recommence l'œuvre de Fichte, mais en s'y prenant
mieux. Fichte avait voulu construire le réel par
l'idéal; Schelling renverse la chose et cherche à
faire sortir l'idéal du réel. Les deux philosophies
n'étaient d'ailleurs, sous des formes diverses, qu'un
simple retour à la doctrine de Spinoza, à la philosophie de la nature. C'est Hegel qui en fera les

grandes applications à l'histoire, à la politique, à la religion ; pour les services qu'il aura rendus, il se fera couronner par l'Allemagne et malheureusement *oindre* aussi quelque peu à Berlin. Ainsi se termine la révolution philosophique. Hegel a fermé ce grand cercle. En même temps cesse le divorce lamentable entre la chair et l'esprit, entre la nature et Dieu, entre le réel et l'idéal, dont l'humanité souffre depuis des siècles. La vraie, l'unique religion commence pour le bonheur de l'Allemagne et du monde.

Tel est, d'après Henri Heine, le sens et le but des évolutions que l'Allemagne a parcourues. A travers les audaces colossales du poëte se dégage une image inattendue de la race elle-même qu'on nous montre en affinité intime avec cette philosophie nouvelle, « soupirant après des mets plus solides que le sang et la chair mystique, » lasse de conspirer en secret contre l'usurpation de l'esprit, et se réconciliant dans un hymen définitif avec la nature. C'est là une révélation hardie qui vient déconcerter toutes nos habitudes d'esprit et priver d'emploi une foule de phrases honnêtes sur l'âme tendre et rêveuse et les goûts spéculatifs de nos voisins. Aucune objection ne trouble Heine dans son inflexible certitude. Il accumule tant de preuves autour de sa thèse, il en donne tant de démonstrations variées qu'on finit par se rendre à cette dialectique éblouissante. Tout au moins, quand on a fait la part de l'*humour*, de la fantaisie, de la verve *démoniaque* qui emporte le poëte, reste-t-il une conception nouvelle de ce peuple que naguère encore nous nous figurions habiter les nuages, sur les cimes de l'idée pure, et qui manifestement en est bien revenu aujourd'hui. Il se prépare même, dit-on, sur cette pauvre terre un établissement aussi solide, aussi confortable, aussi étendu que sa fortune et ses forces lui permettront de le faire.

Quand une fois on a renoncé au royaume des ombres et des chimères, quand on a quitté pour n'y plus revenir les *lurida regna,* on devient, à ce qu'il paraît, terriblement exigeant sur les satisfactions d'un certain ordre. C'est ce qui est arrivé pour le peuple allemand. Une ambition très-positive s'est éveillée en lui : il veut être maître de la terre.

Hegel et tous les penseurs à sa suite n'hésitent pas à lui promettre la suprématie universelle, l'empire du monde. Et qu'on le remarque bien, il ne s'agit pas d'une domination mystique par la sympathie et l'amour, ni d'une suprématie d'intelligence, d'un rayonnement supérieur de civilisation ou de pensée. Il s'agit d'une domination très-réelle, d'un *empire objectif,* pour parler ce singulier langage, qui n'a rien d'idéal au fond. Il faut que le monde appartienne à l'Allemagne pour que la philosophie de Hegel trouve son couronnement. Digne couronnement, en vérité, de cette philosophie magnifiquement idéaliste au début! Elle

aboutit au culte de la force, à la théorie de la conquête ; elle transforme en idée le fait, elle reconnaît à la victoire le signe d'un droit supérieur,
tout cela au profit d'un grand empire germanique,
auprès duquel le droit national des autres peuples,
le droit humain n'existe pas.

N'allez pas supposer que Henri Heine répudie
quelque chose de cette doctrine hégélienne et
nationale. On a pu s'y tromper, on a pu croire à
certains accents qu'il était cosmopolite ; on a même
dit qu'il était Français de nature et de cœur : c'est
une complète erreur. Il l'est sans doute d'une certaine façon, par le plaisir vif qu'il goûte dans le
commerce de l'esprit français ; il l'est assurément
par certains tours et certaines formes de sa pensée, il l'est surtout par les amitiés exquises et
rares qui lui ont fait une si douce hospitalité en
France ; mais le cœur est resté allemand. La
grande idée le possède comme elle possède la race
entière, sans que personne puisse au juste la définir, sauf peut-être les politiques, s'ils le voulaient ;
— mais ils ne seraient plus des politiques, s'ils
définissaient clairement les choses. Ils paraissent
même, s'il faut tout dire, médiocrement charmés
lorsque les enfants terribles comme Heine viennent dire tout haut le secret d'un peuple.

Ce qui a pu induire quelques amis du poëte en
erreur sur sa véritable pensée, c'est la verve avec
laquelle il flagelle sans relâche les *teutomanes*, leur
grossièreté, « leur aversion idiote pour l'étran-

ger; » c'est aussi l'antipathie violente qu'il ressent pour la Prusse. Il ne veut à aucun prix que la *grande idée* tombe entre les mains des hobereaux et des piétistes de Berlin. Il ne peut souffrir ce qu'il appelle irrévérencieusement « le bigotisme militaire. » Il faut l'entendre maudire avec une éloquence sublime tour à tour et bouffonne ce bâton de caporal que l'on trempe dans l'eau bénite avant de frapper, cette armure de fer qui perce sous *le tendre et pieux manteau de Tartuffe.* — Arrêtons-nous sur la pente où sa verve nous entraîne. Dans les circonstances où nous sommes, je crois devoir me refuser le plaisir de rééditer cette immortelle et virulente satire, qui serait ici sans gloire, étant sans péril. Les maux que nous avons soufferts ne sont pas de ceux qui se guérissent avec des épigrammes. Pour une plaie si cruelle, qui saigne si profondément au cœur du pays, ce seraient là de pauvres remèdes. Il nous en faut de plus dignes et de plus virils; ce n'est pas à Henri Heine que nous irons les demander.

Et surtout ne nous fions pas aux sympathies de ce grand railleur. Il déteste les *teutomanes* parce qu'il ne peut souffrir la sottise et la grossièreté, il aime la France parce qu'il goûte avec délices l'air de liberté qu'on y respire, sa civilisation et son esprit; mais n'allez pas chercher bien loin sa pensée, elle éclate sous la politesse de l'hôte bienveillant. Il nous dit assez clairement que nos jours sont comptés; volontiers il se fait le prophète de nos catastrophes. « Prenez garde, nous répète sans cesse ce terrible ami, on ne vous aime pas en Allemagne, vous autres Français. Ce qu'on vous reproche au juste, je n'ai jamais pu le savoir. Un jour pourtant à Gœttingue, dans un cabaret à bière, un jeune Vieille-Allemagne dit qu'il fallait venger dans le sang des Français celui de Konradin de Hohenstaufen, que vous avez décapité à Naples. Vous avez certainement oublié cela depuis longtemps; mais nous n'oublions rien, nous. Le jour venu, soyez bien sûrs que nous ne manquerons pas de raisons d'Allemand. » C'est en 1835 que cette page était écrite; on ne nous reprochera pas de rechercher l'actualité. — Puis vient l'énumération homérique des légions qui se lèveront. C'est le dénombrement de la terrible armée qui se mettra aux ordres de la *grande idée*. Une armée de rêveurs, d'étudiants, de philosophes ! disiez-vous : eh bien ! ce sont les plus terribles. Voici les kantistes, qui ne voudront pas plus entendre parler de piété dans le monde des faits que dans celui des idées; la main du kantiste frappe fort et à coup sûr, parce que son cœur n'est ému par aucun respect traditionnel. Voici le fichtéen armé, qui méprise tous les dangers parce qu'ils n'existent point pour lui dans la réalité : il regarde le martyre même et la mort comme une pure apparence ; ni la crainte ni l'intérêt ne pourront abattre le fanatisme de cette volonté; — mais les plus effrayants seront les philosophes de la nature. Ils seront plus implacables que les autres. La férocité des anciens combattants de la Germanie se réveillera dans leur cœur; pour détruire, ils se mettront en communication avec les pouvoirs originels de la terre, ils conjureront les forces cachées de la tradition, ils évoqueront celles du vieux panthéisme germanique. Autour d'eux se lèveront les vieilles divinités guerrières; elles essuieront de leurs yeux la poussière des siècles; Thor se dressera avec son marteau gigantesque... « Quand vous entendrez ce tumulte, soyez sur vos gardes, mes chers voisins de France, et ne vous mêlez pas de l'affaire que nous ferons chez nous en Allemagne : il pourrait vous en arriver mal.» On nous disait de même tout récemment que nous aurions dû nous tenir tranquilles, et que Sadowa ne nous regardait pas. Il y a juste trente-cinq ans qu'un rêveur allemand nous donnait le même conseil. Sans doute il faut tenir compte en tout cela de la fantaisie démesurée du poëte et de ce qu'il appelait plus tard les *crâneries* de sa folle jeunesse. Il y a toujours en lui l'artiste de l'ironie qui se plaît à jeter l'épouvante au cœur des Philistins. Et cependant, n'en doutez pas, même sous ces jeux d'un style excessif et bruyant, sous ces sarcasmes lyriques et ces provocations turbulentes, quelque chose de sérieux se dégage dans la pensée du poëte. Il se retrace avec complaisance l'histoire et la destinée d'une race.

Il semble que l'on assiste au réveil d'un titan.

Le voici qui se lève et regarde autour de lui. Il a dormi longtemps ; son sommeil séculaire a été livré à l'empire des puissances magiques qui l'ont garrotté, ce fils de la Terre, qui ont enchaîné la vigueur de ses membres, énervé sa pensée. Le charme est maintenant rompu ; le titan sort enfin de ce monde artificiel ; il respire à pleins poumons l'air vif de la réalité. Au sortir de ce long rêve et de ce long jeûne, il sent naître en lui des appétits démesurés, un désir furieux de jouir de la vie par tous ses sens à la fois ; il s'attache avec une sorte de frénésie sensuelle à ce sol fécond, à cette terre, comme pour en exprimer tous les sucs et toute la substance ; il veut étendre aussi loin que possible la prise de ses mains. En même temps sa robuste intelligence, revenue de la patrie des rêves, se tourne tout entière vers la poésie substantielle et florissante des choses, ou vers la science qui doit lui ouvrir les mystérieux trésors. Elle se met de nouveau en rapport avec les esprits élémentaires de la terre, des eaux et du feu ; mais cette fois ce n'est plus avec des incantations et des formules magiques qu'elle opère, c'est avec le calcul et les chiffres : c'est cette magie nouvelle qui doit enchaîner à son service les agents de la nature et lui donner l'empire de la terre. Voilà bien le réveil du géant. D'immenses convoitises s'agitent dans son sein avec le sentiment obscur des forces que les siècles ont accumulées dans ses muscles et dans ses veines. Il en usera sans scrupule et sans mesure, si quelque dieu jaloux ne brise pas cette fois encore l'orgueil du titan.

J'ai tâché de dégager les deux types opposés du même peuple dans Mme de Staël et dans Henri Heine. Lequel de ces deux types aura raison devant l'histoire?

Il y a une vérité relative dans tous les deux. Oui, l'Allemagne de Mme de Staël a existé quelque part; elle a eu son temps, — aux jours anciens où les *lieder* florissaient, avant l'ère des canons Krupp. Il a dû y avoir jusqu'à la fin du xviiie siècle une Germanie qui ressemblait par quelques traits à celle-là : c'était l'Allemagne du sentiment. Je n'assurerais pas même qu'il fût impossible d'en retrouver quelques traces dans les honnêtes populations du midi de l'Allemagne ; son ombre peut subsister obscurément dans quelque coin de la Souabe ou de la Bavière, avec les regrets de l'autonomie perdue, des petites cours dispersées, des princes médiatisés, peut-être même des Gretchen disparues. Toutefois cette Allemagne tend de plus en plus à s'effacer; elle rentre dans les limbes du passé. Une autre lui succède, active, robuste, formidable : l'Allemagne de l'intelligence et de la force. C'est bien celle-là que Hegel appelait de tous ses vœux et dont il célébrait d'avance la venue dans ses apothéoses de la victoire. Certes c'est une race puissante qui se révèle à nous. Irons-nous jusqu'à dire avec Hegel que c'est une grande nation? Je ne puis m'y résoudre. Il me paraît que

quelque chose lui manque pour cela. Il y faudrait
joindre ce que Mme de Staël louait si fort dans
cette race avec un à-propos contestable : l'instinct
de la justice, la conscience du droit. Hegel et
Heine n'ont omis que ce trait dans le dessin qu'ils
ont tracé de la *grande idée*; il avait son importance
pourtant.

La force! oui sans doute, c'est un élément de la
grandeur d'un peuple. L'intelligence en est un
autre; mais toute seule avec la force, elle ne suffit
pas encore : elle multiplie la force à l'infini, elle
n'en change pas l'essence, elle n'y ajoute rien
dans l'ordre moral. C'est le sentiment du juste,
c'est le respect du droit qui seul consacre le caractère d'un peuple, et met le dernier trait à sa
grandeur.

LE DROIT ET LA FORCE

KANT ET M. DE BISMARK

I.

Au moment où nous sommes, la seule consolation qui reste à l'esprit fatigué de tant d'horreurs et de catastrophes, est de se réfugier dans la méditation de quelques-uns de ces écrits, empreints d'une raison supérieure, qui nous donnent le conseil et nous inspirent la force de ne pas désespérer de l'humanité. On ne peut ni vivre exclusivement dans le temps présent qui est triste, ni l'abandonner complétement, parce que ces tristesses sont celles de la patrie et que nul n'a le droit de s'en distraire. Mais il est salutaire d'aller chercher vers les hautes régions une issue, une délivrance des maux présents, d'y recueillir, comme à leur foyer, ces clartés de la raison pure qui parfois se troublent ou s'éteignent en nous. C'est ce que j'ai essayé de faire, par motif d'hygiène morale, en relisant quelques nobles pages de Kant dans sa *Doctrine du Droit*. J'ai voulu savoir s'il est possible que, dans un siècle qui pense être un siècle de lumières, des choses pareilles à celles que nous avons vues, à celles que nous avons subies de la part d'un peuple de savants et de penseurs, soient dans une mesure quelconque autorisées, justifiées, tout au moins excusées par les grands esprits que ce peuple lui-même reconnaît pour ses maîtres et ses guides. — Heureusement cela n'est pas, cela ne pourrait pas être. On sort de cette lecture fortifié; on se sent meilleur, moins prompt au découragement, plus résolu à reprendre l'œuvre si violemment interrompue du travail et de la civilisation. On se surprend à rêver de progrès, même à travers le trouble des temps. Ce grand esprit, ce noble cœur, Kant, d'accord avec les génies bienfaisants de tous les âges, essaye d'amener l'humanité à civiliser la guerre, à l'humaniser, en attendant qu'on la supprime; telle est sa doctrine constante. Relisons ensemble quelques-uns de ses nobles préceptes. L'application s'en fera d'elle-même à la guerre actuelle, à ses précédents, à ses procédés; nous contrôlerons ainsi la pratique d'une nation par la théorie de ses philosophes; ce seront les penseurs les plus éminents de cette race qui deviendront ses juges devant la philosophie et l'histoire et porteront sur elle la plus sévère condamnation, dans une de ces sentences rédigées en dehors et au-dessus des circonstances, dans la pleine lumière de la justice et de la raison.

Je n'ai pas dessein, en ce moment, d'exposer dans le détail les conceptions de Kant sur la paix perpétuelle, sur les moyens de l'établir et de la garantir. De pareilles conceptions, en face de la réalité présente, ressembleraient trop à une atroce et sinistre plaisanterie. Il importe cependant de marquer sur ce point l'attitude prise par le grand moraliste. Quoi qu'on en ait dit, ce n'est pas celle d'un rêveur. On raille trop aisément la paix perpétuelle comme une utopie. Il faut s'entendre sur ce mot *utopie*. On confond souvent sous ce nom la chimère et l'idéal. Si l'on veut dire que la paix perpétuelle est une utopie, en ce sens qu'elle ne pourra pas être entièrement réalisée sur la terre, il y a bien des chances pour qu'on ait raison. Mais on se tromperait gravement si l'on voulait dire qu'il n'y a rien dans cette idée que de vain et de chimérique. Une chimère ne mérite pas qu'on travaille pour elle; un idéal l'exige impérieusement. La paix perpétuelle est peut-être une *utopie,* en ce sens qu'elle ne pourra jamais devenir une réalité au milieu des passions humaines. Mais elle est certainement un *idéal,* vers lequel à tout prix il faut tendre. Quand même cet idéal ne devrait jamais être réalisé, rien ne nous dispense d'agir comme s'il devait l'être un jour. Il y a là une distinction d'une importance capitale. L'idéal est une vérité théorique qui juge la réalité, même quand elle ne peut s'imposer à elle. La chimère est aussi fausse dans la théorie qu'inapplicable dans la pratique. — D'après ce principe, à quelle catégorie appartient l'idée de la paix perpétuelle? Évidemment, à la catégorie des vérités idéales et théoriques. Que son avénement soit prochain ou non, qu'il soit facile ou difficile de l'établir, peu importe, la paix perpétuelle est le but moral des évolutions de l'humanité. Qu'est-ce en effet que cet état de paix durable et garantie, si ce n'est l'état juridique entre les nations? Or l'état juridique est l'opposé de l'état de nature pour les individus et le but vers lequel ils doivent tendre, puisqu'il est la substitution du droit à la force ; il est au même titre le but auquel tous les peuples doivent aspirer, puisqu'il est pour les peuples comme pour les individus l'opposé de l'état de nature, le contraire de la barbarie.

C'est donc un devoir absolu de s'en rapprocher le plus possible, et c'est la preuve, en même temps, que ce but n'a rien de chimérique, car il serait contradictoire de prétendre que ce que le devoir prescrit est impossible en soi. Tel est le principe de la démonstration de Kant. Dans la guerre, ce n'est pas la loi, c'est la force toute seule qui décide du droit dont elle est plutôt la négation [1]. Il n'y a

---

1. *Doctrine du Droit*, traduction de M. Barni, *passim.*

donc d'état juridique que dans la paix. Point de
guerre entre les États non plus qu'entre les individus. Voilà ce qu'ordonne la raison avec la plus
impérieuse autorité. Son *veto* opposé à la guerre
n'est pas un *veto* relatif, conditionnel, il est absolu.
La raison ne dit pas que la paix perpétuelle sera
réalisée. Cela ne la regarde pas. Elle dit qu'il faut
agir comme si cette paix devait être réalisée un
jour. Cela seul la regarde. Le reste est du ressort
des choses contingentes, à la merci du hasard et
de l'imprévu. Mais ce but suprême, la constitution
d'un état juridique dans l'humanité, ne dût-il être
jamais atteint, ce n'en serait pas moins une obligation sacrée de le poursuivre. Que nous croyions
ou non qu'il puisse être atteint, peu importe. Ce
n'est pas la croyance qui est matière à devoir, c'est
l'action en vue de ce but. Fût-il irréalisable pratiquement, s'il n'est pas théoriquement irréalisable,
c'est-à-dire contradictoire en soi, c'est assez : notre
devoir est d'y tendre de toutes nos forces et de
nous en rapprocher le plus possible. Il se peut
que la paix perpétuelle soit irréalisable; mais si
elle est un idéal trop élevé pour que l'humanité
puisse l'atteindre, cela ne nous dispense pas d'y
croire et de travailler en vue de ce but sublime.
Cet idéal, même irréalisable, a droit à notre respect et s'impose à notre conduite.

On est tenté de sourire en songeant à la date
où fut composé ce petit traité *de la paix perpétuelle :*
1795, l'année même du troisième démembrement

de la Pologne, au lendemain de la coalition de Pilnitz et de l'odieuse expédition du duc de Brunswick, à la veille de ces grandes batailles qui allaient faire trembler la vieille Europe. Après tout, il n'est pas de plus beau spectacle que celui d'une raison supérieure, poursuivant son œuvre à travers ce tumulte des événements et proclamant le droit au milieu des contradictions du fait. Il n'est pas de plus viril et de plus fier exemple que celui de cet humble professeur, au fond de son cabinet d'étude, dans une petite maison de Kœnigsberg, jugeant les souverains et les peuples, condamnant sans appel ces jeux sanglants de la force et du hasard. Du reste Kant ne se méprenait guère sur les chances qu'il avait d'être écouté. Il savait que sa voix irait se perdre dans le bruit du temps présent et que l'âge de la raison pure n'était pas arrivé. Il s'en console avec une fine épigramme. En écrivant la dédicace de son petit traité : *à la paix perpétuelle,* il nous dit que cette inscription a déjà servi avant lui. Il l'avait lue quelque temps auparavant sur l'enseigne d'un aubergiste hollandais où était peint un cimetière. Un cimetière ! c'est bien là en effet une des formes de la paix perpétuelle. Espérons cependant avec le philosophe, et sans trop nous fier à ce doux rêve, qu'il y aura une autre manière de la concevoir et de la figurer un jour, sous la forme d'une humanité pacifique, réconciliée dans le travail et dans la justice.

En attendant que la guerre soit supprimée,
demandons à Kant les moyens de l'adoucir et de
la civiliser. Il a cherché ces moyens avec une
admirable et pieuse sollicitude. Pourquoi ses leçons
n'ont-elles pas été mieux écoutées par les hommes
de sa race et de notre temps? En vain la sagesse
superficielle et infatuée de la force prétend que la
guerre ne peut être que la barbarie pure et sans
mélange, qu'elle n'a été et ne sera jamais que
cela, et qu'il n'y a pas de bonne manière de faire
une mauvaise chose. Kant répond et démontre
qu'il y a des degrés dans le mal, qu'il y a une
mesure dans l'usage et même dans l'abus de la
force. Non, quoi qu'en puissent dire les sophistes
armés qui nous écrasent, le droit des gens n'est
pas une pure chimère des philosophes.

Ce droit des gens, il existe, il est reconnu par
les peuples civilisés, — théoriquement au moins,
— et par tous les esprits cultivés qui les représentent. Il a son code qui, pour n'être pas défini
dans tous ses articles et sur tous les points avec
une extrême rigueur, n'en est pas moins très-clair
dans ses plus larges applications. Il procède de ce
principe que les nations qui se piquent de n'être
point barbares doivent conserver entre elles, dans
cet état violent de la guerre, des relations juri-
diques, certaines lois de l'équité naturelle, certains sentiments qu'il faut à tout prix maintenir
pour que la conscience humaine ne s'abîme pas
tout entière dans cet effroyable chaos. Même lors-

qu'ils se combattent les armes à la main, les hommes ne cessent pas d'être soumis aux lois de la morale et responsables de leurs actes devant la raison et devant Dieu.

Cela est bien vague, sans doute, et varie entre les peuples selon les degrés de leur culture morale. Mais, avec beaucoup de bonne volonté, il n'est pas chimérique d'espérer que la guerre puisse se soumettre à ses lois et s'humaniser un jour. C'est la conviction de Kant, c'est son ferme espoir. Il n'avait pas prévu le trouble que jetteraient dans le progrès des idées philosophiques ses terribles compatriotes.

Il est intéressant, surtout par contraste avec ce qui se passe autour de nous, de voir avec quelle gravité, je dirai presque avec quelle onction sévère, le grand moraliste de l'Allemagne interprète cet esprit d'équité naturelle et d'humanité dans son application à la guerre. Sans doute, au premier aspect, il semble que cet état de choses ait précisément pour effet de suspendre tout droit et qu'il ne comporte aucune espèce de lois (*leges inter arma silent*). La guerre est aux nations ce qu'est l'état de nature pour les personnes, l'opposé de l'état juridique. Mais il importe d'autant plus, dans cette situation violente qui est en dehors des lois, de concevoir une loi supérieure et spéciale qui permette de rétablir les autres un jour. Cette loi, c'est de faire la guerre dans un esprit et d'après des principes tels qu'il reste toujours pos-

sible à un moment donné, de sortir de cette
situation extrême pour entrer dans un état juridique, l'idéal de toutes les politiques dignes de ce
nom.

Or voici à quelles conditions on peut espérer
que la guerre n'empêchera pas les nations de rétablir entre elles des relations régulières et stables.

Parmi ces conditions, les premières se rappor-
tent au droit de faire la guerre. Ce droit ne se
détermine que par les plus graves raisons, ou
plutôt par les plus impérieuses nécessités ; par
exemple, lorsque l'existence d'un peuple est menacée. Il faut bien reconnaître ce droit, dans l'état
de nature, puisqu'il n'y a pas d'autre manière
pour un peuple de se faire rendre justice, en
attendant la constitution de l'état juridique où les
différends de ce genre seront portés devant le
conseil amphictyonique chargé de les terminer, et
dont la sentence devra être sanctionnée par une
force internationale au service de ce haut jury.
Les cas de guerre, spécialement réservés par Kant,
sont l'*attaque effective* que l'on a le droit et le devoir
de repousser par la force, puisqu'elle constitue
une nation dans le cas de légitime défense, et la
menace, où le cas de légitime défense, pour être
moins évident, n'en est pas moins réel. A cet ordre
de faits se rattachent ces préparatifs d'une certaine
nature significative, par lesquels se fonde le *droit
de prévention* (*jus præventionis*), et qui confèrent à
une autre puissance le droit de se mettre en garde

et de se défendre même en prenant les devants de l'attaque ; en outre, l'accroissement exagéré d'une nation qui se rend redoutable par l'agrandisse- de son territoire (*potentia tremenda*). Cet accroisse- ment, dit Kant, est par le fait même et antérieu- rement à tout autre acte de l'État qui augmente ainsi sa puissance, une lésion aux États moins puissants ; et dans ce cas l'attaque est légitime. C'est sur ce principe que se fonde le droit d'équi- libre de tous les États qui peuvent avoir de l'action les uns sur les autres.

Les applications à la guerre actuelle abondent d'elles-mêmes, à mesure que ces préceptes de Kant se présentent sous notre plume. Ne nous refusons pas les exemples qui font sortir les préceptes de leur abstraction. La préméditation lointaine de la guerre n'est presque plus à prouver. Qui pourrait aujourd'hui la révoquer en doute ? Cet accroisse- ment excessif, démesuré, cette tendance à absor- ber l'Allemagne dans le moule militaire et féodal de la Prusse ; cette aspiration avouée à l'hégémo- nie, ces préparatifs gigantesques, ces approvision- nements tout prêts, ces armées de plus d'un mil- lion d'hommes toutes disposées à entrer en cam- pagne au premier signal, tout cela constituait un système de préméditation qui n'est contestable que pour la passion ou la mauvaise foi. Est-il besoin de rappeler ces préoccupations exclusives d'une campagne de France imposée comme un objectif unique à toutes leurs écoles militaires, à leurs camps d'instruction, aux cabinets de leur état-major, ou bien encore ces perfectionnements indéfinis de l'artillerie qui ne visaient qu'un objet de comparaison, l'artillerie française? Nous étions la matière prédestinée de leurs méditations stratégiques et de leurs expériences les plus meurtrières. N'est-ce pas là le *jus præventionis* et la *potentia tremenda* dont Kant entendait parler? D'après les règles si sages qu'il a posées, rien n'est plus facile que de répartir les torts dans cette épouvantable guerre. L'initiative matérielle, l'attaque effective, l'agression follement étourdie resteront à notre charge. L'intention, la préméditation, la menace permanente, l'accroissement démesuré, les préparatifs gigantesques, tout cela restera à la charge de la Prusse, et cette part de responsabilité ne sera pas médiocre dans l'histoire, si l'histoire est autre chose que ce système de mensonge où excellent les savants organisateurs qui nous ont vaincus.

La guerre une fois commencée, quel but doit-elle se fixer, quel caractère doit-elle garder pour que le retour à l'état juridique ne soit pas irrévocablement fermé? Il faut que la guerre ne soit ni une guerre d'extermination (*bellum internecivum*) qui aurait pour effet l'anéantissement matériel d'un peuple; ni une guerre de conquête (*bellum subjugatorium*), qui aurait pour effet son anéantissement moral; ni une guerre pénale (*bellum punitivum*), qui prétendrait se faire au nom de la morale outragée ou pour rétablir les mœurs dans une nation.

En effet, dit très-bien Kant, la punition n'est possible que de la part d'un supérieur vis-à-vis d'un inférieur ; et ce rapport n'est pas celui des États entre eux. Ce qu'il condamne en y revenant à plusieurs reprises, parce que c'est le point où il sent le plus de résistance dans l'ambition des rois ou des peuples, c'est la guerre de conquête, comme essentiellement contraire à l'idée du droit des gens qui a pour but, dans la violence même des armes, de sauver ce qu'il peut de la justice, d'abord en maintenant à chacun ce qui lui appartient, puis en empêchant l'accroissement immodéré de la puissance d'un État qui peut devenir une menace pour les autres et une cause permanente de conflits nouveaux.

La plus grande iniquité que l'on puisse commettre dans cette grande iniquité que l'on appelle la guerre, c'est de disposer d'un État ou d'une portion d'État. La raison philosophique, d'accord avec l'admirable instinct des peuples, est qu'un État n'est pas, comme le sol où il réside, un *bien* (*patrimonium*) ; c'est une société d'hommes à laquelle ne peut commander et dont ne peut disposer personne, si ce n'est elle-même. Un État a, comme un arbre, ses propres racines, et l'incorporer comme une greffe à un autre État, c'est lui enlever son existence de *personne morale* pour en faire une *chose*. — Kant, dans l'application de ce principe, vise autre chose encore et plus que la guerre. Il déclare qu'aucun État, grand ou petit, ne peut être acquis par voie d'héritage, d'échange, d'achat ou de donation. Chacun sait, dit-il, à quel danger l'Europe s'est vue exposée jusqu'à nos jours par suite de cette déplorable jurisprudence qui permettait aux États de s'épouser entre eux ; nouveau genre d'industrie par lequel on peut, au moyen de pactes de famille et sans aucun déploiement de forces, acquérir une puissance démesurée ou étendre indéfiniment ses possessions. — Ce dernier trait est visiblement dirigé contre l'Autriche et contre son histoire, résumée dans sa fameuse devise : « *Tu, felix Austria, nube!* » Mais ce n'est pas trop forcer les choses que de supposer qu'en protestant contre la doctrine qui permet à un État de conquérir une portion quelconque d'un autre État, c'est l'histoire de la Prusse et le génie de sa race qu'avait en vue l'austère philosophe, mécontent de l'agrandissement de sa patrie, si cet agrandissement était le prix de la force et la rançon d'une iniquité. Il savait mieux que personne (et son patriotisme en gémissait) que les annales de son pays de 1701 à 1795 ne sont qu'une longue série de coups de force, de ruse ou d'aventure, coups obliques ou droits, parfois brillants, toujours d'une moralité plus que douteuse, portés sur ses voisins ou ses alliés par ce peuple ambitieux à froid, tenace, toujours prêt à faire la guerre pour satisfaire non une vaine passion de gloire,

mais les calculs de l'intérêt le plus positif. On a
appelé la Prusse la Macédoine des temps modernes. Le mot est juste; il résume sous un nom
significatif l'histoire de cet État, œuvre laborieuse
du génie calculateur et militaire de ses rudes souverains. Kant n'ignorait pas que cette grandeur de
la Prusse s'était composée pièce à pièce d'acquisi-
tions violentes aux dépens des États voisins, de
concessions imposées aux principautés plus faibles,
de portions de larcins faits en commun avec des
puissances peu scrupuleuses, comme il advint pour
les trois démembrements de la Pologne, dont la
Russie jeta dédaigneusement une part à la Prusse
avide ! Toute cette histoire, qui pourrait porter
cette épigraphe : « la force prime le droit, » était
une contradiction flagrante à la philosophie morale de Kant qui se résume dans cet axiome : « Le
droit juge la force. »

Remercions Kant de nous avoir donné la raison
de nos instincts patriotiques qui se révoltent quand
le droit de la force prétend nous ravir nos plus
chères provinces, et qui ne resteraient pas moins
révoltés, quand même ce droit invoquerait plus
tard la lettre des traités. Des traités! quelle valeur
morale peuvent-ils avoir quand ils sont arrachés
au désespoir d'une nation surprise, accablée par
un concours inouï de fatalités sans nom, égorgée
dans un immense guet-à-pens? Ce n'est pas de la
terre, ni des champs, ni des maisons que nous
défendons : c'est une société d'hommes dont nul

ne peut disposer si ce n'est elle-même, c'est une personnalité morale dont on prétend disposer comme d'une chose. Ce sont plus que des portions de territoire que l'on veut nous ravir : ce sont les lambeaux saignants de l'âme de la patrie. Et notre protestation s'élèvera à la hauteur de ce forfait.

Telles sont les règles générales du droit de la guerre. On voit avec quelle fidélité elles résument le principe posé par Kant : c'est que, tout en faisant la guerre, il ne faut pas cesser d'avoir les yeux fixés sur le but qui est la substitution d'un état juridique à l'état de nature. La guerre, pour un peuple honnête, ne peut être qu'un moyen d'arriver à ce but. Cela seul peut excuser l'usage de la force, de s'en servir pour arriver à s'en passer un jour.

Les moyens doivent se régler sur ce but nettement tracé. En conséquence il faudra, dans le détail de la guerre, bien se garder de tout acte qui pourrait empêcher les belligérants de rentrer après la guerre dans l'état juridique, en laissant des ressentiments ou des défiances implacables. Kant cite particulièrement, parmi les moyens interdits par le droit des gens, non-seulement l'assassinat et l'empoisonnement que réprouvait déjà le droit antique, mais l'*espionnage* et les *fausses nouvelles*. Comment se fait-il que Kant ait flétri d'avance avec une si étonnante précision l'usage sans scrupule de ces moyens détestables? C'est qu'à vrai dire cette méthode de la mauvaise foi était depuis long-

temps dans la tradition de la race prussienne, plus
que cela, dans ses instincts. Les raisons qu'il en
donne ne manquent ni d'intérêt ni d'à-propos.
D'une part ces moyens perfides rendraient désor-
mais impossible de fonder dans l'avenir une paix
durable entre les nations qui les auraient em-
ployées, en détruisant à tout jamais la confiance
entre elles. D'autre part, ceux que l'on emploierait
à cette œuvre de mensonge souilleraient leur conscience au point de se rendre indignes du rang
de citoyens même dans leur patrie, et l'État qui
les emploierait serait indigne lui-même de compter
pour une personne morale dans les rapports des
États entre eux. Enfin, car rien n'échappe à la perspicacité du moraliste, il faut bien reconnaître que
la guerre donne le droit d'imposer à l'ennemi
vaincu des fournitures et des contributions, mais
non de *piller le peuple*, c'est-à-dire d'arracher aux
particuliers leurs biens. Ce serait là une véritable
rapine, puisque ce n'est pas le peuple vaincu, mais
l'État sous la domination duquel il était, qui a fait
la guerre par son entremise. C'est un grand et
beau principe, bien digne de passer dans la législa-
lation et la pratique des peuples, à savoir que les
guerres ne se font pas de nation à nation, qu'elles
se font uniquement entre les armées qui représentent les gouvernements. — Il est vrai que ce
principe si équitable court risque d'être modifié,
grâce au progrès funeste réalisé dans le système
militaire de la Prusse, qui met sous les armes la

nation entière, système auquel la Prusse a dû ses foudroyants succès et qui va s'imposer aux autres peuples de l'Europe. — Il restera cependant, en dehors de ces levées en masse, des populations de femmes, d'enfants et de vieillards, auxquelles le principe de Kant devra s'appliquer, si l'on ne veut pas que la guerre devienne une œuvre de dévastation atroce et systématique.

A ces conditions, si parfois la guerre vient à interrompre l'œuvre de l'humanité, la civilisation et le progrès, on peut du moins espérer qu'elle ne l'arrêtera pas complétement. N'est-il pas piquant de relire, à la distance de quatre-vingts ans, ce beau chapitre de droit naturel écrit par un Allemand à l'usage de ses compatriotes? Cet Allemand était le plus honnête et le plus scrupuleux des hommes, quoique Prussien. On sait d'ailleurs que ses leçons n'ont pas été perdues dans la doctrine des universités d'outre-Rhin. Elles forment la base de l'enseignement juridique, et nul n'a jamais songé à y contredire même sur les bords de la Sprée. Je me persuade que vers l'année 1832, quand le jeune Otto, alors baron de Bismark, étudiait le droit à Berlin, il commentait ce chapitre sans y faire aucune objection. Si jamais, dans cette tempête de sang qu'il soulève autour de lui, l'illustre chancelier vient à penser à Emmanuel Kant et à sa *Doctrine du droit,* comme il doit rire à part lui des leçons naïves de son vieux maître, et comme l'ingénuité du bonhomme doit lui sembler plaisante! Autour de lui cependant se presse toute une population de jurisconsultes, de lettrés et de savants qu'il faut contenter. Comment faire? Sans doute il a réduit au silence des scrupules plus graves et des réclamations plus embarrassantes; mais il est Allemand, et à ce titre il semble qu'il doive compter quelque peu avec le pédantisme de ses compatriotes. Son armée est remplie d'étudiants en philosophie, en théologie, en droit, de professeurs de tous degrés et de toutes sciences, qui ont laissé les livres pour le fusil Dreyse. Comment le chancelier du •Nord s'y est-il pris pour rassurer toutes ces consciences scolaires, pour mettre d'accord ces étudiants et ces professeurs avec leurs classiques, avec Kant surtout, le dieu de l'école? Comment l'habile homme a-t-il réglé ses comptes avec la philosophie et la science des universités?

II.

La difficulté est moindre que nous ne l'aurions supposé avant l'expérience qui vient d'être faite. Il y a deux morales ou, si l'on aime mieux, deux consciences à la disposition de la nation allemande : celle des universités et celle des camps, celle des livres et de la vie privée, qui n'a aucun rapport avec celle de la politique. On pourrait même dire qu'il y a deux Allemagnes[1] : l'une idéaliste et rêveuse, l'autre pratique à l'excès sur la scène du monde, utilitaire à outrance, âpre à la curée. Nous vivions depuis longtemps dans un malentendu presque ridicule. L'épreuve a été rude ; mais nous en profiterons, et nous saurons maintenant ce que peut cacher de haines sourdes, de convoitises très-matérielles, de passions tenaces, le cœur de ces spéculatifs, amoureux de Gretchen et voués au sanscrit.

C'est le cas de mesurer la distance qui sépare la théorie de la pratique d'un peuple. Rien n'égale la hauteur des déclarations scientifiques de l'Allemagne, la délicatesse de sa conscience esthétique et morale, la culture de son intelligence. A lire ses philosophes, tels que Hegel, ses historiens, tels que Gervinus et Mommsen, ses théologiens, tels que Strauss, on dirait que tout le mouvement des idées, depuis que l'humanité pense, aboutit à eux, que l'Allemagne est la raison finale de l'humanité, le point culminant de l'histoire, le foyer prédestiné d'où rayonnera un jour la transformation du monde par la raison pure, la civilisation par la science. Je comprends qu'en vivant presque uniquement dans l'atmosphère capiteuse de ces livres et de ces idées, un certain nombre de nos compatriotes se soient laissé gagner à cette contagion de

____

1. C'est ce que nous avons essayé de démontrer dans le chapitre précédent.

l'idéalisme germanique, et qu'ils aient bu à longs traits l'ivresse dans les coupes enchantées que leur présentaient ces penseurs, ces philosophes, ces poëtes, Schiller et Gœthe, Lessing, Kant, Schelling, Hegel. Et déjà cependant, si l'on y réfléchit, que de mélanges d'erreurs et de vérités, quel trouble d'idée, quelle confusion de la morale et de l'histoire, du droit et du fait, dans les formules où se résume obscurément et dogmatiquement la pensée de Hegel ! Quelle tendance équivoque à démontrer que le fait a toujours raison, à faire évanouir les responsabilités morales dans l'ordre supérieur d'une dialectique qui les absorbe, à justifier l'événement par la formule de sa nécessité, à répandre enfin sur le succès l'infaillible amnistie des explications transcendantes qui démontrent l'accord de ce qui réussit avec la marche providentielle ou fatale de l'humanité! Il y a là incontestablement le germe de la pire des corruptions, la corruption de ce qu'il y a de meilleur, la philosophie de l'histoire et celle du droit.

Mais c'est surtout lorsqu'on quitte les hauteurs de la formule, où chaque chose se transfigure et s'évapore, pour descendre dans la réalité, que l'on voit éclater le désaccord entre la conscience théorique du peuple allemand, celle qui se forme avec les livres, et sa conscience pratique, celle qui s'exprime par sa manière d'agir à travers le monde. En vain fera-t-on valoir à nos yeux la force d'invention dans la philosophie et dans la science par laquelle l'Allemagne prétend dépasser depuis long-temps la France, sa puissance d'application, sa vaste et profonde érudition, cette instruction répandue dans toutes les classes et à tous les niveaux de la société, la sollicitude religieuse pour les intérêts spirituels et moraux des populations, la capacité politique que l'on réclame au détriment de notre pauvre pays éternellement agité. Je ne conteste aucun de ces titres, que la complaisance du patriotisme allemand aime à mettre en lumière, et que notre naïveté accepte si docilement ; mais je cherche avec une profonde tristesse à quoi donc servent ces magnifiques efforts de l'esprit humain et cette instruction si largement répandue sur tout un peuple, si tout cela n'aboutit pas à un progrès moral, à un adoucissement des passions brutales, à une transformation de l'état de nature, si tout cela n'a pas pour conséquence de dompter la bête féroce prête à rugir dans le cœur de chaque homme, si le premier résultat n'est pas précisément de tempérer la dureté de la victoire antique et d'humaniser la guerre? Qu'est-ce donc que la civilisation, si elle n'est qu'un peu plus de connaissances théoriques, si elle n'est pas en même temps plus de justice et de charité? Et que vaut toute notre science humaine, si la conscience n'en profite pas?

Or nous venons de voir sur un grand et tragique théâtre les mœurs de la guerre que nous ont apportées ces populations lettrées et scientifiques.

Je le demande aux plus modérés, aux admirateurs de cette littérature et de cette philosophie, de cette civilisation qui nous faisait entrevoir quelque chose comme l'aurore d'un monde nouveau; je le demande à ces intelligences que la poétique élévation de l'esprit allemand avait séduites, à ces âmes nobles qu'avait ravies l'innocence patriarcale de ces peuples : qu'avons-nous vu dans cette effroyable guerre? Quelle race nous est apparue? Quelle notion du droit public a-t-elle fait prévaloir? Est-elle restée fidèle aux préceptes de son grand moraliste, d'Emmanuel Kant? S'est-elle montrée digne d'avoir produit de son sein de si belles et de si hautes leçons de morale?

Il ne faut pas confondre, il est vrai, dans un jugement précipité, des nationalités distinctes et qui méritent de rester distinctes, bien qu'elles aient eu le tort grave de se laisser engager au delà d'une guerre défensive, et que l'esprit satanique de conquête les ait trop facilement entraînées. Les éléments divers de cette grande confédération, plus militaire encore que politique, unis pour nous détruire, Bavarois, Wurtembergeois, Hanovriens, Saxons, ont paru à plusieurs reprises vouloir et mériter qu'on leur fît une place à part dans nos appréciations. Eux-mêmes réclament (c'est leur point d'honneur) le droit de n'être pas confondus avec les Prussiens. Cette distinction est de toute justice. Elle tient compte des tentations subies, des complicités par intimidation, de ces résistances difficiles qui auraient coûté cher à certaines nationalités trop faibles, à ce qu'il paraît, pour rester honnêtes devant l'ordre ou la menace de la Prusse.

C'est contre l'esprit de la Prusse que l'histoire instruira ce grand procès. Cet esprit a été dans cette guerre ce qu'il a été depuis près de deux siècles, l'esprit de conquête par la force ou par la ruse. On pouvait croire cependant, on pouvait espérer que la Prusse, devenue la tête politique et militaire de l'Allemagne, aurait changé ses sentiments et ses mœurs, comme il arrive parfois aux parvenus qui veulent faire honneur à leur fortune. Non! malgré les progrès scientifiques et intellectuels dont elle est si fière, en dépit des leçons de ses philosophes, au fond, elle n'a pas changé. Elle est restée la même avec plus de politesse dans les formes, mais sans rien abandonner de ses instincts primitifs, de sa dureté et de sa rapacité.

C'est bien une guerre de conquête qu'elle nous a faite, on le voit clairement aujourd'hui. En outre et malgré les apparences, c'est la Prusse qui a voulu cette guerre. Ce qui nous empêche de voir juste en France dans les responsabilités de la lutte, c'est le souvenir du gouvernement imprévoyant qui l'a commencée; mais oublions un instant, si c'est possible, la série de fautes sans nom par lesquelles ce pouvoir s'est perdu et a manqué perdre la France avec lui. Essayons de

discerner les choses dans leur origine et de déter-
miner pour chacune des deux nations sa responsabilité et son rôle. La part de la France est assez
lourde sans qu'on l'aggrave encore. Elle porte le
poids des habiletés malheureuses d'un gouvernement qui passait son temps à jouer au plus fin, à
ce jeu où le malheur voulut qu'il ne fût pas le
plus fin. Elle a épuisé tout ce que peut produire
d'humiliations et de désastres la légèreté poussée
au delà du vraisemblable. Elle a été punie par la
malveillance de l'Europe d'une déclaration de
guerre inopportune. Elle a failli périr pour avoir
abandonné en des circonstances si graves la direction de ses affaires à des esprits frivoles; la faute
de la France est d'avoir souffert qu'on déclarât la
guerre à contre-temps et sans l'avoir préparée. Le
crime jusqu'ici impuni et triomphant de la Prusse
est de l'avoir voulue et poursuivie avec l'astuce et
la ténacité de gens froidement passionnés qui,
ayant résolu de tuer un homme, ont l'art de se
faire provoquer par leur victime. En vérité, aucune
fatalité ne nous aura été épargnée dans cette
guerre. A tous nos malheurs nous avons joint
toutes les maladresses, la pire de toutes, celle de
paraître les agresseurs quand nous ne l'étions pas.

On nous assure que la Prusse n'a pas désiré la
lutte, seulement qu'elle l'a prévue inévitable,
qu'elle l'a vue venir avec une patriotique tristesse.
Que ne laissait-on l'Allemagne se constituer à son
gré, accomplir pacifiquement son mouvement pro-

videntiel d'harmonie et d'unité, l'orbite prévue par tous les astronomes de la politique et marquée d'avance par la mathématique éternelle qui régit l'histoire comme elle règle les cieux? On reconnaît à ce discours les hégéliens de Berlin et ceux même de Paris. Dans un langage plus précis, M. de Bismark nous dit que l'unité allemande était une œuvre purement allemande, que nous n'avions aucun droit à nous en mêler, même à nous en inquiéter, que Sadowa ne nous regardait pas. Certes nous n'aurions rien à répondre, si cette unité s'était faite toute seule, spontanément, s'organisant sans effort dans les institutions et dans les faits, transformant le sol et l'histoire d'un grand pays, s'il était vrai enfin que la France fût venue troubler l'opération mystérieuse. Est-ce bien ainsi que les choses se sont passées? Tout le monde sait que, pour achever le *grand œuvre,* il a fallu que l'alchimiste versât des flots de sang allemand au fond du creuset où la fusion devait s'accomplir. Si jamais le *compelle intrare* trouva son application, c'est dans cette sombre histoire qui va de 1864 à 1866, qui commence au Slesvig usurpé, qui finit au roi de Hanovre dépossédé, à l'Autriche vaincue et rejetée hors du giron allemand. On a dit avec raison qu'une pareille unité ressemblait fort à l'union des travaux forcés sous le sceptre du bon roi Guillaume. Là est la vraie cause de la guerre, et non ailleurs. L'œuvre de l'unité était si bien une œuvre artificielle qu'elle n'aurait jamais pu s'ac-

complir par la simple terreur prussienne. Il y
fallait joindre la terreur française pour consommer
l'opération et réduire les éléments réfractaires.
C'est ce que fit avec un art supérieur M. de Bismark, recueillant avec soin, fomentant cette
semence vivace de haine et de vengeance qu'a-
vaient laissée les conquêtes du premier empire,
et que ravivaient des maladresses menaçantes et
une diplomatie cauteleuse. Depuis 1866, il devint
visible que la guerre avec la France était l'unique
ressort de la politique prussienne, l'objectif pro-
posé à tous les peuples de la confédération du
Nord et du Sud, en vain séparés par les traités et
se réunissant au-dessus des rives diplomatiques
du Mein dans la crainte du même péril et dans
la même espérance de vaincre.

Et l'on vient nous parler de l'inqualifiable agression de la France! Il y a encore des naïfs pour
prétendre que la Prusse était de bonne foi dans
l'étonnement qu'elle a si bien joué au mois de
juillet 1870! On s'attendrit à la peinture du roi
Guillaume se jetant dans les bras du prince royal
et versant des larmes d'émotion douloureuse!
C'étaient bien des larmes en effet, mais de joie.
Le roi de Prusse se voyait empereur d'Allemagne,
le tour était joué.

Plaçons en regard de ces royales comédies les
idylles chantées dans les universités et les temples
allemands à l'occasion de cette guerre. Parmi plusieurs morceaux empreints d'une mansuétude

infinie, on a remarqué le discours de M. Du Bois-
Reymond, recteur de l'université de Berlin, le
même qui s'excusait un jour, avec un goût exquis,
de l'affront involontaire qu'il faisait à ses auditeurs
berlinois en portant devant eux un nom français.
« Comment avons-nous mérité l'infortune de cette
guerre, disait-il d'une voix qui voulait être émue
le 3 août 1870, nous, — le peuple le plus modéré, le
plus équitable, le plus patient, le plus pacifique, le
plus laborieux que la terre ait jamais porté? Depuis
le roi sur son trône jusqu'au dernier manœuvre,
nous pouvons tous lever les bras au ciel et nous
écrier : Soyons desséchés si nous avons la moindre
part à ces crimes... Nous ne demandions qu'à de-
meurer en paix... Jamais nous n'avons eu l'audace
de convoiter un pouce de sol étranger ; que dis-je?
lorsque nous songions à cette Alsace que les *Mémoires* de Gœthe ont comme rapprochée de nos
cœurs, ce n'était jamais qu'en nous résignant à la
voir à jamais perdue par notre faiblesse passée! »
A ce tableau d'innocentes félicités, on se sent
pleurer de tendresse. Et maintenant qu'une politique implacable nous ravit nos chères provinces,
la voix de ce bon peuple, « le plus modéré, le
plus équitable, le plus pacifique que la terre ait
porté; » va sans doute se faire entendre. Erreur :
le bon peuple ne veut plus rendre, maintenant
qu'il a pris. Il a reçu pour cela des ordres d'en
haut. La voix divine lui a parlé par l'organe de
M. de Bismark. C'est un pieux pasteur qui le

déclare dans la *Nouvelle gazette évangélique de Berlin.*
« Depuis qu'une plume qui ne se trompe pas a
écrit que la paix ne se ferait pas avant que la pos-
session de l'Alsace et de la Lorraine nous fût
garantie, tous les cœurs allemands se réjouissent,
car ils ont le sentiment que le sang n'a pas coulé
en vain... Que Dieu nous aide en ceci, car la paix
comme la victoire vient de lui ! »

Voilà enfin démasqué, dans les aspirations du
peuple comme dans la politique du souverain,
depuis les premiers jours de la guerre, le vrai but
que l'on voulait poursuivre : écraser la France, la
ruiner au profit d'une nation jalouse, d'un peuple
haineux et rapace! C'est précisément ce que la
théorie de Kant flétrit sous le nom de guerre d'*extermination.* Cette guerre, elle a été préméditée avec
la plus patiente obstination, étudiée d'avance dans
tous ses détails avec une précision infaillible, préparée avec toutes les ressources de la science. C'est
quelque chose comme un guet-apens gigantesque
soumis aux lois infaillibles du calcul. Lutte à
outrance qui n'a eu de mesure de la part de nos
ennemis que la possibilité de prendre davantage ;
lutte qui a réalisé, par ses proportions, ce mot
farouche du prince Frédéric-Charles : « nous irons
partout, partout! » Guerre implacable non-seulement en vue de la conquête, mais contre une
race, résultant de jalousies séculaires, de haines
accumulées pendant des siècles, passionnée par
des revendications d'un prétendu droit à la supré-

matie germanique! C'est la *teutomanie* en un mot,
si vertement raillée par Henri Heine, et qui sévit
avec une égale violence chez les hobereaux et
chez les démocrates de Berlin, chez les savants
comme Gervinus et Mommsen, et chez les généraux comme le prince Frédéric-Charles et M. de
Moltke!

Mais cette guerre même pouvait se faire, je ne
dis pas avec des sentiments chevaleresques, — ce
serait trop demander à ce peuple, — du moins
avec quelque notion de ce droit des gens qui
empêche la victoire de tomber au-dessous d'elle-
même, ce droit que chaque nation a intérêt à
respecter quand elle est la plus forte, puisqu'elle
peut être la plus faible à son tour. Le droit a cela
d'admirable en effet, que ce qu'il obtient de la
force triomphante, il le lui rend au jour qui ne
manque jamais où cette force succombe. Le frein
que le droit impose à chacun devient pour tous
une garantie. Je ne sais, à vrai dire, quand ce jour
arrivera pour la Prusse; mais ce qui n'est pas douteux, c'est qu'il arrivera pour elle comme il est
arrivé pour le vainqueur d'Iéna. Or ce jour-là quel
principe pourra-t-elle invoquer à son profit, elle
qui les aura tous violés contre les autres?

Nous avons montré la préméditation, le dessein
arrêté, le but de la guerre que l'on nous fait. La
manière dont on l'a faite est en rapport avec l'honnêteté du but. Quelle triste et repoussante peinture on pourrait tracer des procédés prussiens

employés dans cette campagne, comme supplément
aux moyens matériels, et que M. de Bismark
appelle *les moyens moraux*, par la plus cruelle
des antiphrases ! On croyait jusqu'ici que les
moyens moraux à la guerre, c'était l'unanimité
d'un peuple, son empressement à se lever en armes
sous l'impulsion de sa conscience nationale menacée, sa solidité dans le combat, son calme devant
la mort, acceptée comme la forme suprême du
devoir accompli. Je reconnais volontiers qu'aucun
de ces moyens n'a manqué à nos ennemis; mais
non, il s'agit d'une autre manière de vaincre ou
du moins d'aider la victoire, et de celle-là précisément que répudiait l'honnêteté de Kant. L'espionnage, voilà un des procédés familiers, un des
moyens préparatoires de la victoire prussienne. Et
ce n'est pas seulement, on le sait, l'art fort légitime et trop peu pratiqué en France de s'éclairer
à la guerre, de chercher à surprendre l'ennemi et
surtout à n'être pas surpris par lui. Kant entendait
autre chose sous ce mot déshonoré, bien qu'il ne
connût pas à son degré de perfection cet art qui
consiste à tendre sur tout un pays un vaste réseau
d'inquisitions secrètes, à envelopper dans ses
trames non-seulement la politique et les lois, les
forces productives, le travail national, l'industrie
d'un peuple, mais encore ce qu'il y a de plus
intime, la partie réservée de sa vie, le secret de ses
foyers, le bilan exact des fortunes privées, — plus
que cela, les aspirations, les sympathies, les haines,

tout ce qu'on livre à un ami, mais ce qu'un patriotisme délicat cacherait avec un soin jaloux à la
curiosité de celui qui peut être l'adversaire du lendemain. Qu'aurait-il dit, l'austère moraliste, de
ces fanatismes choisis pour pénétrer lentement,
par degrés, en y employant de longues années et
des soins infinis, dans la conscience d'une nation
et en violer les plus intimes secrets? Une fonction
de ce genre veut être relevée par le péril couru;
elle s'avilit par l'impunité assurée. Ils sont sans
doute bien habiles, nos vainqueurs, bien savants
en géographie, en statistique, en balistique. Ils ont
appliqué à l'art de tuer les derniers perfectionnements de la physique et les calculs les plus ingénieux des mathématiques. Mais aussi comme ils
sont dénués de scrupules! Comme leur barbarie
scientifique est allégée de tous les vains préjugés
de l'honneur et de la loyauté ! M. de Bismark
demandait un jour avec cette ironie hautaine, pire
qu'une injure, de quelle essence particulière était
fait l'honneur français et en quoi il pouvait différer
de celui des autres nations. C'était là une question
imprudente. Il faut bien que l'honneur français
soit d'une autre nature que l'honneur prussien,
puisque le nôtre se soulève à de pareilles peintures. Le dernier de nos soldats repousserait
avec dégoût cette sorte d'emplois prisés si haut
dans leurs états-majors. La différence des deux
peuples se marque là. Ah! certes nos défauts sont
grands. Nous sommes bien légers, d'une vanité

souvent ridicule, d'une ignorance infatuée : il y a
eu à certaines époques de la fanfaronnade dans
notre courage, nous sommes trop sujets aux abat-
tements dans l'insuccès ; mais au moins que le
chancelier du Nord nous laisse la grâce et le
mérite de cette loyauté chevaleresque que le plus
obscur soldat, paysan de la veille, pratique d'instinct, cette vertu charmante et insensée par laquelle
nous avons failli périr, mais qui nous vaudra,
dans notre chute, la sympathie des peuples désin-
téressés et l'amnistie de l'histoire! Parmi nos
pauvres mobiles bretons, il y en avait qui ne
savaient pas le français; mais ceux-là même,
comme ils étaient Français par le cœur, par leur
manière honnête et loyale de combattre! Ce n'est
pas eux qui auraient levé la crosse de leur fusil
en l'air sur le champ de bataille pour prendre
l'ennemi au piége de sa générosité et le fusiller à
bout portant! Ce n'est pas eux qui auraient eu
jamais cette méchante et lâche idée d'abriter sous
le drapeau des ambulances des convois de poudre
et de munitions. — Vous nous avez vaincus,
monsieur le comte; mais quand même vous nous
réduiriez aux dernières extrémités, quand vous
nous écraseriez jusqu'au dernier sous vos canons
Krüpp, il y a une chose dont vous ne pourrez pas
orner votre victoire. Ni vous, ni ces peuples que
vous entraînez à votre suite, vous ne pourrez
ajouter à votre sanglante auréole ce rayon d'une
flamme immatérielle qui éclaire et console nos

défaites en attendant qu'il décore la renaissance de notre pauvre pays : l'honneur.

Parlerai-je de ces autres moyens moraux que l'on dirige d'une main si sûre, de cette conspiration permanente avec l'émeute dans les pays que l'on mine sourdement ou dans les villes que l'on assiége, de ces menées et de ces intrigues avéc le désordre qui sont un crime, non pas seulement contre un État, mais contre l'humanité? — Il y a surtout un procédé où nos ennemis excellent, c'est celui des fausses nouvelles. Il faut croire que ce procédé avait de profondes racines dans la tradition du pays et l'instinct de la race, puisqu'il est l'objet tout spécial de l'honnête indignation de Kant. Celte méthode vraiment prussienne de la mauvaise foi appliquée à la guerre, le prince Frédéric-Charles pourrait l'appeler l'*Art de combattre les Français* aussi justement que la tactique qui nous a valu plus d'une sanglante défaite. Personne n'ignore combien nous sommes faciles aux impressions, nerveux, impatients d'événements, exaspérés par la séquestration morale qui nous isole du reste du monde [1]. Que fait-on? On ne nous prive pas entièrement des nouvelles du dehors; on nous les ménage, on les choisit, on les fait passer par le filtre de la haine la plus clairvoyante; les mauvaises passent d'emblée; on les exagère à plaisir, au besoin on les invente. A Metz, à Verdun, on

---

1. Décembre 1870.

obtient des capitulations par d'odieux mensonges. Nous les avons vus ici même, tous les jours à l'œuvre, ces artisans de fourberies. Nous savons comment on pratique cet art de démoraliser son adversaire, comment on agit sur nos avant-postes crédules, comme on ébranle ces bravoures prêtes au combat et à la mort, mais non à une mort inutile, en les leurrant à chaque instant de la perspective d'un armistice déjà conclu, d'une paix prochaine. Dans ces attentes vaines, le courage se détend, l'esprit d'une grande cité se déshabitue de la lutte ; on oublie vite les résolutions prises, les habitudes de la vie nouvelle acceptées avec un sombre enthousiasme. Il se produit comme un affaissement des volontés et des cœurs, et cette défaillance vaut pour l'ennemi plus qu'une victoire sur le champ de bataille. — Un jour, ce sont des catastrophes inattendues que l'on nous annonce et qui viennent ruiner les restes chancelants de nos espérances. — Un autre jour, c'est un retour inouï de fortune, une grande victoire dont la nouvelle éclate comme une fanfare dans nos rues, sur nos places, dans notre ciel, dans nos cœurs, partout à la fois. Perfidie pire que toutes les autres ! d'où est-elle venue cette nouvelle? qui l'a donnée? qui l'a garantie? On ne sait ; on commence à douter : à la fin de la journée, il se trouve que c'était encore une déception. La réaction est terrible ; la colère d'abord, l'abattement ensuite et d'autant plus profond que l'esprit public tombe de plus haut. —

Jamais ce mortel engin de la fausse nouvelle n'a été manié par des mains plus redoutables. Autour de Mayence, en 1793, les ancêtres de ceux qui nous assiégent aujourd'hui faisaient passer à nos généraux des exemplaires d'un *Moniteur de la république française* fabriqués pour la circonstance. En 1870, n'avons-nous pas vu à Versailles un puissant ministre se faire journaliste pour exercer plus à son aise cette honnête industrie à jour fixe?

D'autres fois c'est l'intimidation, la terreur, qui est à l'ordre du jour. On veut ainsi décourager nos malheureux paysans, coupables de combattre sur le seuil de leur maison ou derrière la haie de leur jardin sans un uniforme sur leur dos ni une commission régulière dans leur poche. On se plaint dans les gazettes allemandes du fanatisme français, qui, en se défendant comme il peut, impose aux envahisseurs l'obligation de frapper des coups si durs pour ceux qui les reçoivent, plus durs, nous assure-t-on, pour ceux qui les donnent. C'est qu'en effet ces villages brûlés, ces populations entières expropriées par les flammes et les baïonnettes de leurs foyers et de leurs champs, ces villes frappées de destruction et de mort dans leurs populations inoffensives, cette philosophie du bombardement appliquée aux grandes villes avec un zèle si savant et si dénué de scrupules, tout cela il était réservé à cette année terrible d'en produire le spectacle, sous la main d'une armée qui est moins une armée qu'une nation, et d'une nation qui se prétend la plus morale et la plus civilisée du monde ! Ce qui restera le trait caractéristique de cette guerre, c'est l'esprit méthodique qui y préside et en règle tous les détails. Il y a tout un code de la destruction où les incidents sont prévus, les formes de la résistance passive ou active analysées, classées, punies en ordre et par degrés, depuis la réquisition simple jusqu'à la réquisition double, depuis le *bon* illisible laissé au cultivateur de la Beauce en échange de son troupeau de bœufs jusqu'au pillage pur et simple et à l'incendie de toute une ville autorisés et recommandés dans certains cas. C'est la ruine d'un pays codifiée et réduite en formules. Bien d'autres armées en marche, la nôtre même, on nous l'assure, dévastent trop souvent les pays qu'elles traversent; mais ne confondons pas la maraude qui se cache et qui est le crime de quelques-uns avec ce pillage officiel, en plein jour, plus terrible mille fois, parce qu'il est la légalité appliquée au vol, le larcin sans appel. Une province ennemie où d'autres soldats ont passé a la chance de n'être appauvrie que pour quelques semaines. Là où la méthode prussienne a passé, elle a fait scientifiquement son œuvre, et l'œuvre est bien faite : tout est vide dans la chaumière et dans le village, tout est détruit ou pris. C'est la glorieuse différence d'un peuple méthodique avec ces nations étourdies qui font tout au hasard, au mépris des règles et des formalités !

Les Anglais eux-mêmes, témoins si stoïques de

nos premiers malheurs, se sont émus à la fin d'un pareil spectacle. L'un d'eux déclarait qu'il est bien difficile de juger, d'après de tels actes, « que la Prusse *porte l'étendard de la moralité...* Ce sont en tout cas de singulières leçons que nous donnent ces pionniers de la civilisation... Malheur à eux, ajoutait-il, s'ils ont un revers! Ils ont peu de merci à attendre des propriétaires de maisons détruites, de villages ruinés par des contributions forcées, de familles réduites au désespoir par la misère, des pères de francs-tireurs tués de sang-froid. Tôt ou tard il y a une Némésis pour la cruauté. »

Nous avons eu affaire à des Attilas lettrés, savants, philosophes, jurisconsultes. Est-ce une consolation, et qu'y gagnons-nous? Est-il plus doux pour nos paysans de tomber au coin de leur chaumière incendiée, frappés à mort sous la formule d'un droit de fantaisie, que massacrés simplement et sans phrase par la hache d'un barbare? Ce qui est triste pour l'histoire de l'humanité, c'est qu'en nous faisant cette guerre inexpiable, nos ennemis ont semé derrière eux une haine éternelle. Cela ne s'était jamais vu au même degré. Nous avons été, dans ce siècle, en guerre avec les Anglais, les Russes, les Espagnols, les Autrichiens. Pas une rancune sérieuse n'a survécu à cette nécessité sanglante de la politique qui a eu son jour, qui n'a pas eu de lendemain dans le ressentiment des peuples. Ici combien tout diffère!

On dirait que nos ennemis le sentent, et c'est pour cela sans doute qu'ils veulent nous écraser. Ils ont peur, s'ils se retirent avant de nous avoir détruits, de laisser vivre derrière eux la vengeance.

Cet esprit prussien, dans ce qu'il a à la fois de sophistique et d'intraitable, semble s'être incarné dans un homme. Ce sera pour l'historien de l'avenir un type curieux à étudier que celui du chancelier de la confédération du Nord. Qu'il réussisse ou non jusqu'à la fin dans son œuvre monstrueuse, qu'il laisse après lui dans sa patrie le renom d'un homme de génie (à quel prix, grand Dieu!) ou celui d'un homme funeste, auteur des catastrophes terribles qu'il s'expose à déchaîner sur son pays, il restera comme un des problèmes les plus irritants proposés à la psychologie et à l'histoire. Cet homme-là est vraiment un phénomène dans l'ordre moral. Les correspondants des journaux anglais, groupés autour de l'état-major prussien, l'étudiaient avec une obstination où perçait déjà comme une vague inquiétude. Ils nous représentaient dans leurs familières peintures ce Prussien massif de carrure, colonel et diplomate, on ne sait trop, autant soldat qu'homme d'État, prompt à la colère et à la riposte, grand abatteur de besogne, doué d'une puissance extraordinaire d'application, connaissant à fond tous les pays de l'Europe, se servant de sa vaste mémoire comme d'un magasin où sont tenus en réserve, classés, étiquetés, les innom-

brables casiers de la statistique universelle. C'est
là l'homme extérieur ; mais qui pourra pénétrer
dans les replis de cet esprit étrangement complexe ? Qui pourra peindre ce mélange de souplesse et de hauteur, ce sceptique empressé jusqu'à la flagornerie auprès des puissances dont il
n'a pas bien mesuré encore la profondeur ou le
vide, insolent et rodomont dans le triomphe?
Obstination invincible, arrogance implacable, gla-
ciale ironie, vrai Méphistophélès de cour, se servant indifféremment, selon l'heure, du vrai et du
faux, mentant presque toujours, et parfois, pour
mieux tromper son monde, disant même la vérité,
employant à propos, au service de sa cause, l'in-
tempérance calculée de son langage, raisonneur à
outrance, dialecticien sans vergogne! Tout cela
revêtu de vives saillies et d'une familiarité charmante, sauf à certaines heures où la discussion se
serre, où sa mauvaise foi est à la gêne, et où éclatent enfin avec une sorte de joie barbare, comme
si elles avaient été trop longtemps contenues, l'infatuation de la force et l'impertinence du succès!
Ces jours-là, ce sont les jours de sincérité de
l'illustre chancelier; mais il arrive alors à cette
terrible sincérité de commettre des fautes irréparables et de laisser voir ce qu'on avait dans le
cœur de haine contre la France. C'est un tort. Un
diplomate peut manquer de sens moral, cela s'est
vu ; il n'a jamais le droit de manquer de goût,
même à l'égard d'un vaincu. L'homme réel s'est

montré cette fois, et cet homme, c'est le génie même de la Prusse, âpre et implacable[1].

Voilà pourtant ceux qui veulent nous régénérer! C'est leur grande prétention à tous. Je doute que M. le comte de Bismark ait une foi bien profonde dans la Providence; elle se résume pour lui en beaucoup d'artillerie. N'importe : lui aussi, il accepte sans rire son rôle providentiel, comme toute la Prusse, revêtue, pour punir nos péchés, du glaive de justice. En vérité, à tous nos malheurs il ne manquait plus que ce ridicule. — Être vaincu par eux était dur; mais être châtié par eux! être moralisé par eux! c'est bien la *guerre pénale* (*bellum punitivum*) dont Kant se moquait avec une spirituelle bonhomie. Que voulez-vous? ces gens-là, du plus humble au plus puissant, sont tous des pédagogues. Ils sont les maîtres d'école de l'humanité. Lisez les déclamations puériles de M. Mommsen ou de M. Du Bois-Reymond et comparez-les aux déclarations du roi Guillaume. Tous, ils veulent « nous rendre des mœurs. » Le mot

1. Plus d'un an après le moment où ce portrait a été tracé, il n'a rien perdu de sa vérité. Nous écrivons aujourd'hui sous l'impression de cette étonnante dépêche que M. de Bismark a chargé M. d'Arnim de nous communiquer dans la dernière quinzaine de cette triste année, et qui restera un monument de mauvais goût. C'est cette dépêche d'une ironie facile à un victorieux, où sous prétexte de l'acquittement par des jurys français de deux individus accusés de meurtre contre des Prussiens, on nous fait une si haute leçon sur l'éducation morale qui nous manque et sur l'idée du droit qui s'éteint chez nous.

est consacré. C'est pour nous rendre des mœurs
qu'ils viennent incendier nos fermes, dépeupler
nos campagnes par la terreur. C'est pour nous
faire expier les crimes de Mme Bovary et les folies
de M. Offenbach qu'ils sont venus mettre à feu et
à sang l'Alsace et la Lorraine. C'est pour châtier
les oisivetés de notre jeunesse dorée, les légèretés
de Paris, sa littérature de mauvais boudoirs et de
journaux malsains, les corruptions publiques et
secrètes de la cour et de la ville, qu'ils sont venus
traînant à la suite de leurs hordes ces honnêtes
chariots allemands sur lesquels s'accumulent les
dépouilles de nos provinces, et qu'ils renvoient
chez eux avec les bénédictions du prévoyant père
de famille, le vaillant soldat de la landwehr!

Justiciers, ils le sont tous; mais le grand justicier, c'est le roi Guillaume. Ce souverain est moins
un homme qu'un principe. Il est la justice et la
miséricorde, il est la loi vivante et l'amour, il est
le châtiment et la bénédiction. Par nature, il est
le plus doux des hommes; sa piété et sa tendresse
n'aspiraient qu'à se répandre sur le monde. Il
aurait voulu passer sa vie à parcourir la Prusse,
bénissant, édifiant ses sujets, ses enfants; mais
une mission terrible lui a été donnée d'en haut.
Il faut qu'il fasse la guerre aux ennemis de la
Prusse, qui sont les ennemis du ciel. Soldat de
Dieu, il exécutera sa consigne. Et comme son
cœur va souffrir! Un jour, c'est le Slesvig qu'il
prend; un autre jour, c'est le Hanovre, puis c'est

Francfort qu'il occupe. Il pleure, mais il prend.
Il pleure encore, mais il prend toujours. Survient
la guerre avec « son bon frère Napoléon. » Il est
le plus fort, c'est tout simple : il combat pour
Dieu, Dieu combat avec lui ; entre Dieu et lui,
c'est à la vie et à la mort. Aussi comme il répare
les mœurs partout où il passe ! Oui, en faisant le
vide ! Quelle douceur dans ses moyens de vaincre !
Il fait bombarder Strasbourg à seule fin d'abréger
pour cette pauvre ville le temps de l'épreuve :
l'incendie de la bibliothèque, la destruction de la
cathédrale, ne sont que des artifices de sa générosité. Ici, à Paris, la même générosité lui dicte
une conduite contraire. Il lui répugne « de verser
la mort et l'incendie sur la plus belle cité de l'univers. » Avec une sollicitude paternelle, il expose à
tous les postes de péril ses bons alliés les Saxons
et les Bavarois ; c'est pour réhabiliter leur vail-
lance dans l'opinion de l'Europe, qui semblait en
douter. Le témoignage le plus flatteur qu'il puisse
leur rendre, c'est de les faire exterminer en ména-
geant ses propres soldats, qui n'en sont plus à
faire leurs preuves. Ainsi dévoué à ses alliés, fier
de son armée, pieux et prêt à rendre grâces à
Dieu pour les milliers de braves gens qu'il fait
massacrer chaque jour, du reste, tout le monde
le sait, tendre père, époux fidèle, que voulez-
vous de plus ? Guillaume de Prusse est le modèle
des rois.

Certes je ne m'exagère pas les vertus de la

France ; mais qu'on ne m'impose pas la tâche trop rude de reconnaître celles de la Prusse, d'admirer la magnanimité de son souverain et l'innocence de son premier ministre ! A propos de cette intolérable prétention de nos ennemis à se porter les justiciers de Dieu, on nous rappelle cette réponse de M. de Vendôme à qui l'on disait un jour qu'il était vaincu pour les péchés de la France et pour les siens : « Eh! pardieu, vous me la baillez belle! Est-ce que M. de Marlborough va à la messe? »

Il connaissait bien cette race, ces souverains, ce peuple, le grand railleur et le grand poëte qui nous a vraiment révélé l'Allemagne moderne, Henri Heine. Avec quelle verve étincelante, avec quel fonds de raison, malgré la passion qui l'emporte, devenu l'hôte de la France, ce « Prussien libéré, » comme il s'appelait, démasque « ces soi-disant représentants de la grande idée allemande, ces faux patriotes dont l'amour pour la patrie ne consiste qu'en une aversion idiote contre l'étranger et les peuples voisins, et qui déversent chaque jour leur fiel surtout contre la France! » Il ne cessait de nous avertir des progrès sourds et de l'explosion prochaine de la haine des *teutomanes.* « Le tonnerre en Allemagne est bien à la vérité allemand aussi : il n'est pas très-leste et vient en grondant un peu lentement; mais il viendra, et quand vous entendrez un craquement comme jamais craquement ne s'est fait entendre dans le monde, sachez que le tonnerre allemand aura enfin touché son but. » Il est venu, le tonnerre allemand ; il a frappé fort. C'est l'aigle prussien qui l'a apporté. Personne n'observait cet aigle d'un regard plus inquiet que notre poëte, et « pendant que d'autres vantaient sa hardiesse à regarder le soleil, lui n'était que plus attentif à ses serres. » Les ambitions hypocrites et militaires de cette race et de ces durs souverains le révoltaient... « Non, s'écriait-il, je ne pouvais me fier à cette Prusse, à ce bigot et long héros en guêtres, glouton, vantard, avec son bâton de caporal qu'il trempe dans l'eau bénite avant de frapper. Elle me déplaisait, cette nature à la fois philosophe, chrétienne et soldatesque, — cette mixture de bière blanche, de mensonge et de sable de Brandebourg. Elle me répugnait, mais au plus haut degré, cette Prusse hypocrite, avec ses semblants de sainteté, *ce Tartufe entre les États!* »

On dirait une page de pamphlétaire de génie, écrite à l'occasion de la guerre de 1870, — page prophétique en tout cas, à force de justesse dans l'observation des caractères et dans le discernement des causes lointaines. — Je ne voudrais cependant pas conclure cette étude sur un cri de colère. Tâchons d'élever nos âmes au-dessus de ce flot sanglant de haines et de violences qui sépare les deux pays, entraînés à cette lutte par des ambitions folles ou perverses. Gardons ce que nous pourrons préserver de cette noble et libérale sympathie qui devrait survivre entre les esprits cultivés des deux races, les deux grandes ouvrières de la civilisation moderne, et préparer le jour de leur réconciliation dans la justice et dans la paix. Cette réconciliation, je ne l'estime durable qu'à deux conditions : la première, c'est que l'Allemagne revienne aux nobles leçons d'Emmanuel Kant et désavoue à tout jamais celles qu'elle a reçues de M. de Bismark. La seconde condition, c'est que l'unité, qui est, je le reconnais, dans la destinée de la race germanique et que nous ne devons ni entraver, ni troubler, se fasse par l'esprit allemand, non par l'esprit prussien. — L'esprit germanique, personne plus sincèrement que nous n'en a senti et reconnu l'honnête et naturelle grandeur. Tous nous rendons hommage, en France, à cette simplicité des mœurs de la famille chez nos voisins d'outre-Rhin, à cette sincérité de la vie, à cette profondeur de l'émotion poétique et du sentiment religieux. Il s'y joint, comme par surcroît, la plus grande liberté du travail intellectuel, la haute culture scientifique, et cette conscience théorique du droit qui se montre dans leurs livres, qui vient confirmer l'instinctive moralité du peuple, et qu'un dernier progrès réalisera, j'espère, un jour dans leur politique. — Avec cet esprit-là, notre réconciliation serait facile et douce ; mais, pour Dieu ! que ce fonds naturel d'honnêteté ne se laisse plus troubler par les génies malfaisants ! Que la race germanique ne

livre plus les trésors de sa science, de son travail
et de son cœur à cet esprit de force et de ruse
qui est l'élément du génie et de l'histoire de la
Prusse! Avec l'unité allemande, la paix perpétuelle
pourrait n'être pas un vain rêve. Avec l'unité prussienne, je crains qu'elle ne soit qu'une sanglante
chimère.

III

LES RESPONSABILITÉS

DANS LA GUERRE DE 1870

Je voudrais revenir d'une manière spéciale à la fois et sommaire sur la question de l'origine de la guerre de 1870. La prétention la plus insupportable de nos vainqueurs, c'est de mettre de leur côté toute la justice, le droit tout entier, l'élément moral, en un mot, dont il faut tenir un si grand compte dans les guerres modernes, au point de vue du jugement définitif de l'histoire.

Or, sur cette question si grave des responsabilités, il m'a semblé que les hommes qui ont représenté la France et son gouvernement depuis le 4 septembre jusqu'au moment où j'écris [1], se sont montrés de trop facile composition avec nos ennemis. J'ai trop souffert, pour ma part, de ces con-

---

1. Décembre 1870.

cessions inutiles et médiocrement patriotiques, pour ne pas tenir à honneur d'élever contre elles une protestation très-nette qui n'aura de valeur, je le sais, que dans la mesure où elle représentera la vérité.

Un dissentiment grave s'est élevé, dès l'entrevue de Ferrières, entre M. Jules Favre et beaucoup de bons esprits. Certes les sympathies n'ont pas manqué en France, et particulièrement à Paris, autour du représentant d'une grande nation, durement frappée par la fortune, mais non abattue, qui vient, à l'heure de la lutte suprême, s'adresser au vainqueur et lui offrir l'occasion d'être à la fois **habile** et généreux, en ne poussant pas à bout sa victoire et la France. On peut regretter pourtant que, dans cet entretien, et plus tard dans sa circulaire de novembre 1870 au sujet du refus de l'armistice, M. Jules Favre ait fait la partie trop belle au chancelier de la Confédération du Nord, en semblant reconnaître que tous les torts d'agression étaient à la France, dans cette triste histoire. Peut-être était-ce trop accorder à l'arrogance de la Prusse, exaltée jusqu'à l'infatuation par d'invraisemblables succès contre notre malheureux pays, deux fois coupable à ses yeux, pour avoir semblé être l'agresseur et pour avoir été vaincu.— Peut-être aussi pourrait-on y voir une condescendance au langage de certaines passions plus politiques que patriotiques, pour lesquelles tout ce qui s'est passé jusqu'au 4 septembre n'est qu'un amas

de crimes et d'inepties, sans distinction et sans
nuance. Dans la réalité, les choses sont moins
simples, il faut bien qu'il y ait eu quelque apparence de raison à cette guerre pour qu'elle ait pu
avoir une ombre de popularité, à Paris même où
l'on ne gâtait pas le pouvoir. La vérité est que le
sentiment public en France, depuis Sadowa, pré-
voyait une guerre inévitable, qui serait la consécration ou la ruine de l'œuvre de 1866. La Prusse, de
son côté, ne demandait pas mieux que de nous fournir une occasion, et son insolence intarissable ne
nous eût laissé que l'embarras des prétextes, si le
premier avait manqué son effet. Il y aurait quelque
légèreté à trancher si facilement l'histoire de cette
effroyable guerre en deux parties, dont l'une toute
composée d'injustices et de violences finirait juste
au 4 septembre, dont l'autre formée par le concours du plus pur patriotisme et des plus sublimes
vertus commencerait précisément à cette date
marquée par les destins. — Faisons trêve, s'il est
possible, aux sentiments amers que soulève en
nous le nom même des auteurs de nos désastres. Il n'y a plus à revenir sur l'incroyable esprit
de vertige qui poussa l'empire à cette déclaration
de guerre, quand rien n'était sérieusement prêt
pour la soutenir, mais osons dire ce que savent
bien des gens d'expérience politique et de haute
raison : Oui, la déclaration de la guerre est venue
de la France ! Mais la préméditation de la guerre
appartient à la Prusse. Le crime de l'empire c'est

d'avoir déclaré la guerre, non qu'elle fût injuste, mais parce qu'elle n'était pas préparée.

C'est tout le contraire pour la Prusse, qui préméditait cette guerre de longue main, mais avec la ferme résolution de se la faire déclarer par nous. Je ne compare pas l'habileté des deux gouvernements, je compare leur moralité. — C'est ce que M. Jules Favre n'a jamais paru comprendre, à en juger par son attitude, par son langage, par ses manières à l'égard de M. de Bismark. On eût souhaité, avec moins de déférence pour le vainqueur, un sentiment plus vrai de la réalité. Plus d'intelligence et moins de passion de parti n'auraient pas nui à la dignité de notre négociateur.

La fatalité de cette lutte, sa nécessité à un moment donné, qui peut en douter maintenant, qui peut se refuser à la voir, à la clarté sinistre des événements? Nul, d'ailleurs, n'en doutait sérieusement, même dans les rangs de l'opposition, si l'on en excepte quelques esprits chimériques, hantés par l'ombre du bon abbé de Saint-Pierre et par l'idée fixe de la paix perpétuelle. M. Jules Favre, tout le premier, dans son discours *de rentrée,* à l'inauguration de chaque session, ne revenait-il pas avec une insistance marquée sur le souvenir de Sadowa, sur la faute, incalculable dans ses conséquences, commise ce jour-là par un gouvernement qui n'avait pas pu arrêter à temps l'essor de la Prusse en lui tenant le seul langage diplomatique qu'elle entende, celui du droit armé de la force? Je ne veux pas faire à un politique de la force de M. Jules Favre l'injure de croire que ce souvenir invoqué par lui, comme un exemple fatal d'imprévoyance, n'eût alors d'autre utilité que celle d'être désagréable à M. Rouher. Évidemment l'homme d'État de la future révolution donnait sous cette forme amère un conseil d'action au pouvoir, et s'il retournait ainsi le fer dans la plaie toujours saignante de l'empire, la plaie de Sadowa, c'était apparemment pour que la France avertie retirât un jour le fer de sa blessure et le retournât contre la poitrine d'un ennemi devenu menaçant. Et combien l'orateur avait raison dans ses récriminations prophétiques! Mais voyez se produire ici une singulière contradiction, qui fut celle de la gauche irréconciliable pendant les dernières années de l'empire, et comme le châtiment par l'inconséquence, de l'opposition systématique! — La gauche jetait tous les jours aux ministres, comme la plus cruelle injure, le nom de Sadowa, et en même temps elle fermait à la France toute chance de légitimes revanches en essayant de désorganiser son système militaire par des économies dangereuses. Elle s'effrayait patriotiquement de l'agrandissement immodéré de la Prusse, — et systématiquement elle poussait au désarmement du pays. Le maréchal Niel, le seul ministre de la guerre qui ait eu quelque prévoyance et quelque souci de l'avenir, vit sa grande pensée, l'institution de la garde mobile, sortir de la discussion des

Chambres mutilée et inapplicable. N'est-ce pas un fait avéré qu'un des articles du programme tenu en réserve par les grands augures de la politique de l'avenir, c'était la suppression des armées permanentes? Ce simple fait donne la note de la sagacité d'un certain parti et de la justesse de ses vues sur l'état de l'Europe.

Il faut que chacun, dans cette terrible aventure, garde sa part de responsabilité, même l'opposition. Bien mieux avisé et plus éclairé dans son patriotisme se montrait M. Thiers en refusant de s'associer au platonisme sentimental de ses collègues de la gauche. Le regard fixé sur tous les mouvements de la Prusse, il voulait que la France restât armée, encore qu'il se défiât de la main qui tenait l'épée de la France. Dans ce discours du mois de juillet, qui fut un grand acte de courage et souleva contre lui les plus violents orages à la tribune et dans la rue, quand, au prix de sa popularité, il adressait les plus fortes adjurations à la majorité aveugle, même alors, est-ce qu'il désavouait ces autres discours où il dénonçait, d'une voix vraiment inspirée, l'éventualité pressante de cette guerre? Bien au contraire. Mais il nous montrait, avec une clairvoyance sans égale, l'heure et l'occasion mal choisies, l'Europe hostile à une guerre si légèrement déclarée, la France compromise par l'insuffisance des préparatifs, toute la fortune de notre cher pays jetée en proie à un formidable inconnu, en face de l'Allemagne

tout entière debout et en armes. Il ne niait pas la
nécessité ultérieure de cette grande lutte; il en
déplorait l'inopportunité. Il déplorait surtout que
le signal eût l'air de venir de nous, quand nous
ne faisions que tomber dans un piége grossier,
tendu à notre fatuité militaire.

La préméditation de. la Prusse! Est-il donc
besoin de la démontrer aujourd'hui? Est-il besoin
de rappeler cette série d'actes, tous reliés par la
même idée fixe, depuis les traités d'alliance offen-
sive ou défensive imposés aux États du Sud par
M. de Bismark, jusqu'à ces commandements militaires des contingents Badois, Wurtembergeois,
Bavarois, conférés à des généraux prussiens, jusqu'à ces dispositions d'une pensée stratégique qui
se préoccupait si longtemps d'avance, soit d'assurer
les communications allemandes, soit d'entraver les
nôtres, dans le Luxembourg, à travers la Belgique,
au Saint-Gothard? Le calcul de la Prusse était
simple, bien que profond; le résultat devait être
infaillible. Victorieuse de la France sous le sceptre
du roi Guillaume, l'unité de l'Allemagne était assurée. Vaincue, elle était garantie mieux encore par
la nécessité de se défendre contre l'ennemi commun et par la certitude de périr si l'on s'isolait.

Sous l'empire de cette préoccupation où se con-
centraient tous les rêves de grandeur qu'il faisait
pour son pays, M. de Bismark n'a pas cessé un
jour, une heure, de préparer cette lutte formidable qui nous a pris au dépourvu et dans laquelle

nous avons succombé. Les témoignages de cette idée fixe surabondent. Ce n'est pas le lieu de les énumérer ici; mais peut-on oublier ces faits significatifs successivement révélés par le hasard ou par l'observation la plus superficielle de ce qui se passait en Allemagne, ces préparatifs de tout genre, ces réserves incessamment accrues d'artillerie, ces arsenaux regorgeant d'effets militaires, ces contingents innombrables de *landwehr* et de *landsturm* tout prêts à se lever au premier signal, disposés de manière à se réunir aussitôt des extrémités de l'Allemagne; si bien que l'on vit, lorsque l'heure fatale eut sonné, ce que l'on n'avait vu en aucun temps de l'histoire, un million d'excellents soldats, équipés et disciplinés, toute une nation sous les armes en huit jours!

Et si l'on dit que c'était l'effet tout naturel des institutions qui régissent la Confédération, et qu'il n'y avait rien là qui indiquât une préméditation spéciale contre la France, nous rappellerons des faits plus particulièrement significatifs, cette préoccupation exclusive parmi leurs états-majors, cette étude obstinée d'une *Campagne de France* devenue l'objet presque unique des travaux et des thèses à l'Académie de guerre de Berlin, aux écoles militaires de Potsdam et d'Erfurt; cet *Art de combattre les Français,* attribué au prince Frédéric-Charles; tant de projets d'invasion, tant de plans pour le siége de Paris! Tout cela prouvait autre chose assurément que des études spéculatives et en l'air, je veux dire des intentions pratiques et positives d'occupation du sol français. Nous étions d'avance la matière de leurs méditations stratégiques et de leurs expériences les plus meurtrières. Nous étions envahis, bombardés, pris d'assaut sur le papier longtemps avant de l'être en réalité. Touchantes attentions des meilleurs voisins du monde, nos hôtes assidus et reconnaissants! Ajouterons-nous à cet amas de preuves les agents prussiens parcourant nos départements de la frontière et appliquant à l'invasion future leur art de précision; M. de Moltke levant les plans des fortifications de Metz, dans le hasard d'un voyage de touriste; M. de Schleinitz, enfin, un ministre de la maison du roi, déclarant dès 1868, à Mme de Pourtalès, au milieu d'autres galanteries prussiennes, qu'avant dix-huit mois l'*Alsace serait à la Prusse?*

Nos *bons voisins* ne nient rien de tout cela. Mais voici leur raisonnement suprême. C'est le fond de la dialectique de ces victorieux : « L'Allemagne cherche dans la guerre ce qu'y eût cherché la France, avec cette différence que c'est la France qui a attaqué. Vous auriez pris les provinces rhénanes. Il n'est que juste que nous prenions l'Alsace et la Lorraine. L'enjeu est réciproque. » Ainsi le veut la *Nemesis germanica.*

Nous n'avons pas qualité pour répondre des intentions du gouvernement déchu et de ce qu'il aurait voulu faire, au cas où ses armes eussent été victorieuses. A peine si l'on peut aujourd'hui, après des désastres pareils, admettre un instant cette hypothèse, qui ressemble à une cruelle ironie. — Mais enfin, derrière l'armée victorieuse, il y aurait eu une force d'opinion, une résultante du bon sens public qui aurait fini par prévaloir et marqué à l'esprit militaire sa juste mesure. Pour la grande masse de la nation civile, j'estime'que le but politique de la guerre eût été atteint par la sécurité retrouvée en Europe, par l'autonomie rendue à la Bavière, au Wurtemberg, à la Saxe, au Hanovre, par la restitution de la partie du Slesvig détenue au mépris du droit des gens, enfin par un système de garanties que la diplomatie sérieuse n'aurait pas eu de peine à établir contre l'arrogance de la Prusse, devenue un danger public en Europe.

Supposons même qu'en raison des sacrifices qu'aurait coûtés la victoire et des effervescences nationales avec lesquelles on doit compter, il y eût lieu de chercher pour nous des compensations du côté du Rhin et que notre pays n'eût pas su résister à la plus dangereuse des ambitions, l'ambition territoriale. Dans ce cas même, voici deux points que je crois pouvoir établir sur la foi de la raison générale en France. — Jamais on n'eût toléré que la guerre fût poussée à outrance contre la Prusse, au point de lui ravir les éléments et les conditions de sa vie nationale. Jamais non plus on n'eût supporté que le sabre disposât des provinces conquises sans appel et sans recours au vœu des habitants. D'une manière ou d'une autre on aurait fini par consulter les populations, et ce vœu exprimé aurait eu dans la question une autorité décisive. — A cela, je le sais, la diplomatie prussienne a une réponse toute prête. Elle n'ignore pas, nous dit-elle, ce que valent tous les plébiscites, ceux des annexions comme les autres. — Soit. Je ne me dissimule pas les inconvénients de ce genre de consultation. Mais enfin, si c'est là une formalité dérisoire, dont le résultat est d'avance dans la main des victorieux, je ne m'explique pas quel singulier scrupule retient M. de Bismarck. Pourquoi donc s'est-il constamment refusé, malgré des engagements précis, à soumettre le Slesvig à cette épreuve? Pourquoi ne pas consentir à consulter l'Alsace et la Lorraine, à leur demander si elles acceptent l'honneur de l'annexion que leur réserve la Prusse? Qu'on essaye donc, si on l'ose. Mais nous savons bien qu'on n'essayera pas.

Ce qui est menacé, ce qui périrait momentanément, si Dieu permettait que nous périssions dans cette lutte préparée, soutenue et poursuivie à outrance avec de tels artifices et des moyens si malfaisants, ce n'est pas seulement notre droit national, c'est le droit humain indignement violé en nous. Oui, nous pouvons succomber; mais notre défaite sera de celles qui en rappellent. Un grand peuple peut être surpris; nous l'avons été, soit; il nous reste la conscience de notre droit.

Malgré les apparences contraires, tout ne se réduit pas à une question de soldats plus ou moins nombreux, de canons à plus ou moins grande portée, ni même à une question d'habileté militaire ou diplomatique. Il y a des éléments moraux dont il faut bien tenir compte, même dans ces jeux sanglants de la force et du hasard. Non que j'aie la naïveté de croire qu'en ce monde la raison finisse toujours par avoir raison et que le dernier mot reste nécessairement au bon droit. L'histoire n'est pas, en apparence au moins, une logique inflexible, encore moins une morale immédiate et absolue. Mais je sais que la force matérielle d'un pays est doublée par celle que lui confère le sentiment plus ou moins clair, plus ou moins profond de son droit, pourvu que ce pays ne soit pas affaibli par d'autres causes, comme la Pologne; et que l'anarchie ne vienne pas dévorer ce qui lui reste d'énergie pour persister à vivre ou pour ressusciter. Il y a là un principe de résistance presque invincible pour un peuple, resté grand dans ses désastres momentanés, sans parler des sympathies tardives que doit éveiller dans la conscience languissante de l'Europe le spectacle — ou la menace — de tant de perfidies et d'iniquités triomphantes. C'est un stimulant inépuisable à la lutte, ou, si elle devient impossible, à la préparation virile de l'avenir, que de s'être senti aux prises avec de détestables convoitises servies par une politique sans scrupules et à outrance.

A côté des ressorts matériels, il y a donc des ressorts délicats, d'un jeu puissant dans l'histoire, et dont l'immoralité cynique ou raffinée d'un homme d'État peut affecter de ne pas tenir compte, sans qu'on puisse jamais les négliger impunément. Or ces éléments moraux, l'honneur, la loyauté, le droit national, la justice humaine, de quel côté ont-ils été dans le cours de cette triste guerre, si l'on en excepte le signal follement donné de ce côté du Rhin, impatiemment attendu de l'autre côté? Pour qui combattent aujourd'hui ces forces immatérielles, notre meilleur espoir, dans cette effroyable mêlée où nos armées ont disparu comme dans un vertige? Pour qui combattront-elles un jour, quand l'infatuation suprême se sera emparée de nos ennemis victorieux et commencera leur châtiment?

Malheureuse Allemagne, même dans son triomphe, si elle continue à suivre aveuglément dans ses voies M. de Bismark, son tentateur! Dès aujourd'hui on peut bien dire qu'à cette école elle a compromis pour jamais sa vieille réputation d'honneur, de justice, de loyauté, en s'associant à la poursuite du but abominable que la Prusse s'est marqué, ainsi qu'aux moyens par lesquels ce but a été atteint. Ce but et ces moyens résument la moralité de la guerre. C'est dans cet ordre de considérations qu'il me plaît d'établir mon plus haut, mon plus ferme espoir, ainsi que le principe de nos consolations patriotiques. Si la France devait succomber, ce serait la force morale qui succomberait momentanément avec elle. Il nous resterait cette triste joie que d'avance la Prusse a déshonoré sa victoire. Mais elle aura du même coup déshonoré une grande nation, l'Allemagne (et cela ne saurait être une joie pour nous), en lui imposant, avec le bénéfice équivoque d'une vassalité militaire, une complicité non équivoque dans ses attentats.

P. S. — Ces pages écrites d'instinct, dans Paris assiégé, devaient recevoir plus tard une éclatante confirmation des pressentiments qu'elles expriment. Nous avons sous les yeux une pièce considérable de ce grand procès historique, la brochure anglaise intitulée : «*Qui est responsable de la guerre?*» publiée sous le pseudonyme de *Scrutator*, et attribuée à M. Gladstone ou à l'un de ses amis politiques. Il y a là des témoignages authentiques et sans réplique. L'esprit de ce travail se résume dans cette proposition : « Le trait décisif de la stratégie diplomatique du comte Bismark, est l'adresse avec laquelle il s'arrange généralement de manière à rejeter sur son adversaire la responsabilité du complot qu'il a lui-même ourdi... Il fallait amener la France à combattre dans tous les cas, mais il fallait aussi trouver les moyens de la mettre dans son tort. C'est ce qui fut fait. »

L'IDÉE DE LA PATRIE

SES DÉFAILLANCES ET SON RÉVEIL

Il est donc venu, le moment *psychologique* du bombardement, annoncé par les aimables pédants de l'état-major prussien (1). C'est en même temps l'aube de la nouvelle année qui vient d'éclore frissonnante et ensanglantée. C'est elle que célèbrent ces coups répétés sur un rhythme funèbre, impatiemment attendu par la *noble et poétique Allemagne*, invoqué par le chœur des douces fiancées de là-bas, et qui va remplir enfin les vœux de leur candide férocité. En effet, partout où passe cet ouragan, la dévastation s'accomplit, la mort fait son œuvre. Seuls, immobiles sous cette tempête de feu, pareils à des navires qui tiennent la proue debout

1. Écrit dans la nuit du 9 au 10 janvier 1871.

contre la mer furieuse, nos forts attendent l'assaut de l'invisible ennemi, qui ne révèle sa présence que par l'éclair de ses batteries; mais tout autour de nous les villages et les faubourgs s'abîment sous ce niveau meurtrier; les églises s'effondrent, les châteaux ne tiennent plus au sol que par quelque pan de muraille; les fermes, broyées par les obus, couvrent de leurs débris ces jardins, ces champs hier si fertiles, aujourd'hui stérilisés sous les décombres et la neige; les bois fracassés, fouillés en tout sens par la mitraille, portent témoignage contre cette guerre impie qui détruit tout, qui viole la nature comme l'humanité, qui tarit la vie dans les germes, aux entrailles de la terre comme elle la détruit à nos foyers, dans les berceaux. Cette immense désolation des choses, cette stérilité des campagnes, cette dévastation de la terre et cet égorgement des hommes, tout cela, c'est le prix de la couronne du nouvel empereur d'Allemagne. N'arrêtez pas ce fleuve de sang qui emporte toute une génération. Laissez passer la justice du roi Guillaume, l'élu de Dieu.

Et pendant ce temps la France, envahie sur une grande étendue, pillée, rançonnée, sillonnée dans tous les sens par le rude soc de la conquête, foulée aux pieds de cette race de vainqueurs insolents et rapaces, appelle le vengeur inconnu. Il viendra, dit-on, mais quand viendra-t-il? Ce faible reste de vie vaut-il la peine d'être disputé aux anxiétés d'aujourd'hui, au désespoir de demain? Eh bien oui! malgré tout ce que l'heure présente a de misères et de larmes, un immense espoir a traversé la France. Dans son apparente agonie, elle a senti palpiter en elle le principe et le germe d'une résurrection. A travers tant de ruines, sous cet amoncellement de cadavres et de débris, piédestal du monstrueux orgueil d'un roi, quelque chose a tressailli : c'est l'âme de la patrie, renaissant avec plus de force que jamais sous le coup qui devait l'anéantir. Il y a là un phénomène moral de l'ordre le plus élevé. Que l'on compare, dans ces premières heures de l'année qui vient de naître, la nation française avec elle-même, avec ce qu'elle était il y a un an, il y a six mois. Toute meurtrie, toute sanglante qu'elle nous apparaisse en ce moment, qui ne voit qu'elle a gagné quelque chose, le sentiment énergique de son unité, et qu'elle a ressaisi enfin sa conscience nationale, menacée par de fatales défaillances, troublée par de vains rêves, par un esprit de système ennemi de nos vrais instincts et de nos sentiments naturels? Il m'a semblé qu'il ne serait pas sans intérêt, à cette heure, de rechercher sous quelles influences le sentiment de la patrie s'était affaibli dans ces dernières années, et quels signes il nous a donnés, depuis quelques mois, de son éclatant réveil.

I.

Pour qui observe la France et suit les phases diverses de sa vie morale depuis une vingtaine d'années, peut-être davantage, si l'on met à part une
ou deux courtes périodes de surexcitation où la vie
était comme enfiévrée, il n'est pas douteux que la
masse de la nation se désintéressait sensiblement
de la chose publique, du bien commun à tous,
du nom même de la patrie. Ce n'est pas le moment de rechercher les causes très-diverses d'un
état que les esprits superficiels préfèrent, pour en
finir plus vite, résumer dans un seul nom et dans
une seule malédiction. Il serait pourtant bien facile de démontrer que ce régime politique était
lui-même un effet avant de devenir à son tour
une cause et un principe. C'était la résultante des
inclinations paresseuses qui se développent dans
notre tempérament national après les époques de
crise et d'agitation vaine, — l'ennui de l'action
collective, une certaine lassitude du changement,
la docilité à une forte impulsion reçue, en un
mot l'indolence publique, devenue la complice du
fait accompli, se traduisant par l'abdication de
toute responsabilité, par l'abandon des intérêts
généraux entre les mains empressées à les saisir.
C'était aussi, il faut bien le dire, l'horreur du

jacobinisme renaissant. Nous ne referons pas ici cette triste histoire dont nous avons été tous à des degrés divers les auteurs, les témoins, les victimes, oui, tous, car ceux-là même qui prétendaient y faire obstacle, les révoltés contre cet ordre de choses, contribuaient involontairement à le faire durer par l'éclat sombre de leurs anathèmes et les fulgurations de leur haine, qui semblaient être et qui étaient en effet les avant-coureurs des révolutions implacables. La terreur de l'inconnu inspirée par ces revendications menaçantes, l'effroi de voir s'ouvrir une période révolutionnaire dont nul ne pourrait ni mesurer l'effet ni marquer le terme, voilà le mal endémique dont souffrait la masse de la nation. Du haut des aspirations politiques qui se relevaient de temps en temps, et que la violence de certaines colères calmait aussitôt jusqu'à l'excès, on se laissait retomber pesamment dans cette inaction d'une tranquillité illusoire sous laquelle se creusaient les abîmes. Je ne parle pas, bien entendu, de cette minorité d'élite vraiment libérale et non révolutionnaire, représentée par un petit nombre d'esprits distingués que leur distinction même isolait dans cette multitude de tempéraments apathiques ou violents qui forment la grande majorité d'un peuple. Par crainte du désordre, on se résignait à cet ordre apparent qui n'était trop souvent, nous l'avons bien vu, que le désordre organisé. On ajournait au lendemain le réveil et l'action, et le lendemain l'engourdissement fatal avait gagné plus profondément le cœur de la nation. A certains jours cependant, à l'occasion des élections générales, le peuple semblait appelé à dire son mot; mais qui pourra me contredire, si je me souviens que, même dans ces jours réservés à la discussion de la chose publique, la passion, l'agitation se portaient sur des noms propres plus que sur des intérêts généraux? Le gouvernement avait sa liste officielle, l'opposition avait la sienne. Combien il était rare qu'il y eût place pour ces candidatures spontanées, issues de l'accord instinctif des citoyens entre eux, en dehors des ministères et des coteries, ne représentant que ce client trop oublié dans le tumulte des partis, l'intérêt public! Quand les élections étaient faites, quand la chambre était validée, on se reposait d'un si grand effort pour cinq ou six ans. Le tournoi oratoire commençait. C'était une belle lutte de théâtre, de belles passes d'armes. La récompense des plus brillants athlètes, c'était l'applaudissement des tribunes ou la popularité momentanée des salons : rien de plus; aucune action efficace et réelle sur le pays. Les masses restaient impénétrables soit dans leur indolence, qui trompait sur leurs véritables sympathies la légèreté infatuée des hommes du gouvernement aussi bien que celle des hommes d'opposition, soit dans leur implacable et farouche défiance, dont s'échappait déjà la menace d'une révolution sociale. Des deux côtés également, on se désintéressait de ces luttes de parole et des intrigues de la scène. Une seule fois il parut se faire un grand réveil d'opinion. Le ministère du 2 janvier venait de naître; mais n'insistons pas sur ce lugubre souvenir, aggravé par le contraste de ces espérances et des catastrophes qui en célèbrent aujourd'hui l'anniversaire.

Cet état des esprits avait pour symptôme irrécusable une tendance marquée à se cantonner dans les intérêts particuliers. On ne savait plus se passionner pour ce qui dépassait la sphère de ses affaires personnelles, de ses plaisirs, de son commerce, de son industrie. Il se créait ainsi une foule de petits mondes à part qui se renfermaient en eux-mêmes. On se croyait en droit de ne pas penser au delà. Pour les uns, la vraie patrie, c'était la Bourse; pour d'autres, le club; pour un grand nombre, l'usine ou la boutique. Cet égoïsme n'était pas le seul. Il y en avait, pour les meilleurs d'entre nous, un d'une nature plus subtile et plus délicate, et qui s'insinuait dans les âmes sous le masque des plus beaux sentiments. Je veux parler de l'égoïsme du foyer. La famille elle-même et les affections qui la composent peuvent avoir ainsi leur corruption secrète; c'est quand le père de famille, uniquement soucieux de garantir le bien-être de son intérieur, l'avenir de ses enfants, le bonheur de tous ceux qui lui sont chers, arrive à perdre de vue le lien qui rattache ses biens particuliers au bien général, qui en est la caution la plus sûre, et surtout les conditions morales qui en relèvent le prix, les vertus fières, le sentiment viril de l'indépendance et de la grandeur de son pays, l'obligation d'y travailler sans relâche et de s'y dévouer. Il faut bien dire que ce mot de devoir civique n'avait plus de sens pour la plupart des familles. C'était à qui, parmi les pères, réussirait à soustraire son fils à ce genre de devoir, les uns à prix d'argent par le remplacement militaire, d'autres par des dispenses et des subterfuges d'une moralité plus que douteuse. On estimait que c'était faire preuve de légitime dévouement à sa famille que de s'ingénier à frauder le pays des services qu'il était en droit de réclamer, ou d'en acquitter le prix par des sacrifices d'argent. C'étaient là les leçons de patriotisme que l'on donnait à ses enfants. Qui ne sait quelle formidable opposition souleva parmi nos excellents pères de famille cette institution de la garde mobile qui, sérieusement pratiquée et organisée à temps, aurait épargné à la France tant de sang précieux inutilement versé ?

L'exagération des intérêts particuliers, l'abus même des plus légitimes sentiments, cet individualisme de la famille que je viens d'indiquer, avaient leur contre-coup dans l'esprit public. Il s'était créé insensiblement une sorte de scepticisme ou tout au moins une certaine indifférence qui menaçait d'atteindre dans ses sources le vieux patriotisme français. Ce nom même, la patrie, ne représentait plus guère pour la masse de la nation, absorbée dans ses intérêts privés ou ses affections domestiques, qu'une abstraction vide ou une légende surannée. Une abstraction ! elle n'est que cela en effet dès qu'un peuple cesse d'alimenter cette vivante idée du plus pur de son âme et de son sang. Ce n'est que par les sacrifices que l'on fait à cette idée qu'elle devient une réalité; mais c'est d'abord à la condition d'y croire que l'on peut se sacrifier à elle. Où était-il, il y a un an seulement, cet esprit de sacrifice et de foi à la patrie ? L'État n'apparaissait plus que comme un gérant responsable chargé de nous administrer et de nous défendre. On payait pour être dispensé de cette grosse besogne de l'entretien des routes, des écoles et des armées; on nommait des députés pour contrôler les dépenses faites. Tout était dit, et l'on vaquait à ses propres affaires en sûreté de conscience. La chose publique, les intérêts généraux, la police des idées et celle des rues, la politique intérieure et extérieure, tout cela s'administrait ainsi, par délégation. On se faisait représenter par une quittance pour tous les services publics qui demandaient autrefois un effort personnel, une part de dévouement. On se croyait quitte à ce prix à l'égard de la patrie. La société française, cette société formée par de longs siècles d'aspirations communes, de traditions héroïques et de sacrifices, faisait, dans les idées du plus grand nombre, la figure d'une société d'assurance mu-

tuelle où chacun, en payant sa prime sous forme
d'impôt, acquérait le droit d'être garanti contre
tout risque de désordre ou de violence, de pillage
ou de guerre, à peu près comme on l'est contre la
grêle ou l'incendie. Le patriotisme passait insensiblement à l'état de sentiment vague, sans application, sans emploi, un sentiment plus ou moins
théorique ou poétique, analogue (on l'a dit avec
justesse) au sentiment de la paternité pour qui
n'a pas d'enfant. Ceux à qui parfois il arrivait
d'exprimer avec quelque vivacité leur orgueil
pour le passé de la France ou leurs rêves pour son
avenir, provoquaient d'infaillibles sarcasmes. Il y
avait même, pour châtier ces naïvetés de tempérament patriotique, une appellation cruelle dans
sa vulgarité. Tous ces mépris superbes, ces fines
ironies, ces désintéressements d'esprits détachés
des vieux fétiches, vont-ils au moins sentir l'ir-
réparable tort qu'ils ont manqué nous faire en
risquant de tarir dans l'âme populaire la source des
pures et nobles émotions, surtout quand ils voient
s'étaler dans sa lourde arrogance le *chauvinisme*
tudesque, au prix duquel le nôtre était chose bien
légère et bien inoffensive? Eh ! quel grand peuple
n'a pas le sien? Les Anglais ont le leur, qui participe du robuste tempérament de la nation.
Assurément il n'a rien chez eux qui rappelle cette
exaltation légère et fanfaronne que l'on nous a souvent reprochée, infatuée de vaine gloire, grisée par
la fumée des batailles, courant après la chimère.

Il n'est pas de race plus froide, plus calculatrice, plus strictement dévouée aux intérêts de son commerce, aux dividendes de ses comptoirs, et pour qui la politique d'aventure ait moins d'attraits; mais il s'est fait de tout temps, dans ce solide bon sens des Anglais, une indissoluble alliance entre le culte des intérêts les plus positifs et la passion la plus obstinée pour la grandeur et la puissance de leur pays. C'est un patriotisme substantiel et concentré qui, pour ne pas s'évaporer en démonstrations, en attitudes, en phrases, n'en est que plus résolu aux derniers sacrifices pour le triomphe de la cause que chaque Anglais considère comme sa chose propre et son bien. L'individualisme se concilie ainsi et tout naturellement avec ce sentiment très-personnel de la patrie, entendu comme l'entendent les Anglais, et qui n'est qu'une sorte d'individualisme supérieur. En faisant respecter l'Angleterre à travers le monde, l'Anglais participe, en imagination et en fait, de cette autorité et de cette puissance. Chaque Anglais puise une force nouvelle dans la contemplation de cette image agrandie de lui-même qui est comme l'idéal de sa personnalité. Voilà par quels liens secrets s'établit une sorte de substance commune entre le citoyen anglais et sa patrie. Si jamais il rompait ce lien, l'Anglais sent, d'un sûr instinct, qu'il retomberait aussitôt dans sa personnalité chétive et misérable, un *moi* sans force et sans grandeur, je dirai presque sans idéal. Il s'en garde bien. Là est un des traits caractéristique de cette forte race. L'égoïsme vulgaire détruit la patrie. L'individualisme britannique s'y rattache intimement, lui donne une vie et une réalité, s'élève par elle et s'y transfigure. Voilà ce que le dernier Anglais comprend aussi bien que les hommes d'État. C'est le plus puissant ressort de son esprit politique; c'est le secret de sa force.

Chez nous, au contraire, il devenait de mode de railler les formes naïves du sentiment national. Sous l'influence d'un égoïsme léger, qui heureusement n'avait pas pénétré jusqu'au cœur de la nation et n'était qu'une corruption de surface, l'image de la patrie s'effaçait sensiblement et décroissait dans les esprits. Cette disposition regrettable rencontrait, même dans les sphères supérieures de la pensée, plus d'une complicité apparente ou secrète. Nous connaissons ces théories qui florissaient alors parmi les savants et les penseurs, et qui, interprétées trop littéralement, pouvaient prêter à de singuliers malentendus. Il y avait là en effet pour les esprits superficiels sinon une justification en règle, du moins quelque chose comme un système scientifique d'excuses toutes préparées en faveur de ces défaillances du patriotisme. Quelle autre conclusion pratique pouvait-on tirer de ce parti pris de dédain à l'égard du génie de notre race comparé au génie des races étrangères? Dans certains groupes d'élite, il était passé en règle absolue, on

le sait, d'exalter les aptitudes critiques, scientifiques, esthétiques, des autres peuples, particulièrement du peuple allemand, en sacrifiant les
nôtres, qui, tout en étant d'une nature spéciale,
ont assurément leur valeur et sont au moins
égales aux autres dans leur diversité. On se gar-
dait avec soin de toute prédilection nationale
comme d'un signe d'étroitesse d'esprit.

La haute culture scientifique, c'était le nom de
l'idole à laquelle nous étions tenus de sacrifier
de gaieté de cœur nos prétentions surannées en
faveur de ce vieil esprit français qui, au XVIIe et au
XVIIIe siècle, avait fait la conquête du monde par ce
mélange exquis de verve et de bon sens, d'enthousiasme et de raison, qui constitue proprement le
charme. Il fallait maintenant, sous peine d'être
taxé de béotisme, adorer des dieux nouveaux, s'incliner devant les oracles obscurs d'une critique qui
devait tout renouveler, la philosophie de la matière
et de l'esprit, comme celle des langues et des races.
On nous assurait que c'était la loi des choses et
celle du temps, qu'on devait reconnaître cette raison supérieure, non se révolter puérilement contre
elle. On démontrait par assertions tranchantes que
les facultés originales et créatrices de notre pauvre
France étaient épuisées, à supposer qu'elles eussent
jamais existé au point où l'imaginait un enthousiasme naïf, fondé sur une doctrine et des traditions de collège. Tenir encore pour cette critique
française qui posait en principe que ce qui ne

peut pas être dit simplement ne vaut pas la peine
d'être dit, s'obstiner dans l'admiration rétrograde
de l'esprit national, qui ne nous paraît clair, nous
disait-on, que parce qu'il est superficiel, et de
cette philosophie indigène, — que ce soit d'ailleurs celle de Descartes ou de Condillac, — si bien
ajustée au niveau de la médiocrité publique, et
qui n'est guère que la raison commune délayée en
formules vides, c'était faire preuve de patriotisme
plus que d'intelligence et de jugement.

On déconsidérait ainsi l'esprit français dans ses
plus admirables parties, son naturel exquis, sa
finesse, et surtout cette incomparable clarté qui
tient à son instinct logique et à son esprit d'analyse ;
on nous désapprenait à aimer la France dans ses
qualités les plus aimables, dans ses œuvres les plus
charmantes et les plus fortes, dans cette variété
merveilleuse de productions qui vont de Pascal à
Molière et de Bossuet à Voltaire sans rien mêler
d'exotique à cette verve généreuse, sans sortir
un seul instant de la gamme si riche du génie
national. Par une sorte de conjuration secrète
entre ces beaux esprits qui à certains égards se
traitaient entre eux comme des affidés, il était
établi que, pour entrer dans le cénacle, il fallait
prendre le mot d'ordre transmis par quelque oracle
germanique, soit M. Strauss, M. Gervinus ou
M. Mommsen. On n'avait le droit d'être écouté
qu'à ce prix. Si l'on ne revenait pas d'un pèlerinage à ces sources mystérieuses du savoir et de la

vraie critique, on ne pouvait dépasser les premiers
degrés de l'initiation. On restait les déclassés de
la fausse science, les parias de la culture inférieure. Et dans ces conclaves d'initiés quel enthousiasme pour les révélations qui traversaient le
Rhin, le fleuve sacré! Quelles exégèses respec-
tueuses et attendries autour de la parole sainte,
apportée de Gœttingue ou de Berlin! Comme on
s'empressait de croire à tous ces prophètes nébuleux de l'hégémonie germanique! Nous savons
maintenant à quoi nous en tenir sur les prétentions et les procédés de la suprématie allemande;
nous avons pu juger le but et les moyens. Jamais
l'art de transformer les choses par les formules
n'a été poussé à ce degré d'impudence. Cet idéalisme dont nous avons tous été plus ou moins les
dupes, ce n'était pas autre chose au fond que la
transformation des forces de la matière par la
science, la concentration de ces forces dans la
main très-réelle et très-pesante de l'armée allemande, qui représente l'idée pure à peu près
comme un buveur de bière peut représenter les
Muses et les Grâces. — Quant à cet empire intellectuel, montré comme la conclusion nécessaire
du mouvement de l'histoire, nous savons son nom
maintenant, c'est l'empire des Hohenzollern. Les
titres que l'on faisait valoir à cette suprématie
n'étaient que des titres apocryphes. Ils se rédui-
sent à une politique sans préjugé et à l'emploi
de la force à outrance. Il importe de rétablir la

vraie proportion des choses, et de ne pas donner à un fait brutal l'apparence et le nom d'une idée.

Quoi qu'il en soit, l'hégémonie germanique, au moins dans le domaine de la pensée, avait depuis plusieurs années des partisans déclarés; mais il y avait encore une forme supérieure de ce désintéressement patriotique. Sacrifier les dons de notre race, mépriser le génie français, c'était le commencement de cette sagesse transcendante. La fin, le couronnement, c'était de se déclarer étranger à toutes ces petites questions de rivalités nationales, à ce patriotisme de clocher. On s'efforçait de nous faire sentir que toutes ces prétentions et ces vanités mesquines du temps et de l'espace n'étaient rien, ne devaient rien être pour qui vivait exclusivement dans les régions sublimes, en commerce familier avec les principes divins du beau et du vrai. Pour les penseurs vraiment affranchis, nous disait-on, non sans quelque affectation d'un privilége supérieur, il ne peut y avoir qu'une sorte de patriotisme, celui de l'idéal. Il s'attache à suivre les formes relatives de l'esprit absolu à travers l'histoire et les races. Il se fait tour à tour le concitoyen, par la sympathie, de tous les peuples où passe la manifestation divine. Aryen quand l'esprit souffle sur les hauts sommets de l'Asie centrale, là où jaillit la source sacrée d'où vont descendre les grandes races, hindou quand cet esprit souffle sur les bords du Gange ou bien aux rivages de Ceylan, sémite quand c'est sur

les rives du Jourdain ou les lacs de Galilée, grec
avec Périclès et Platon quand c'est au cap Sunium,
plus tard il s'enfermera dans l'ombre des cloîtres,
où se réfugie tout ce qui reste de vie spirituelle
au moyen âge, allemand aujourd'hui, américain
demain, s'il le faut, suivant dans ses évolutions le
développement de la pensée, nomade en apparence seulement, au fond fidèle à la civilisation
qui se déplace. Les intelligences de cette race
déclarent fièrement qu'elles n'ont pas de nationalité au sens étroit du mot. Elles vont où va
l'esprit ; elles habitent où il se pose, n'ayant
d'autre mission que de l'expliquer et de le révéler
par la critique. Le vrai nom de ce patriotisme,
c'est la science.

Je ne m'exagère pas l'influence de pareilles
idées. Elles sont le partage du petit nombre. Je
ne devais pas cependant négliger de les indiquer
parmi les causes morales des défaillances de l'esprit
public. Elles avaient pour elles le prestige de beaux
talents; elles s'autorisaient de noms célèbres. Des
hauteurs de la science, elles se répandaient par
mille canaux dans la presse, dans la conversation.
A certains jours, il arrivait qu'elles étaient accli-
matées parmi nous, et certes, dans les traductions
infidèles et grossières qui s'en faisaient ainsi, elles
ne pouvaient qu'affaiblir, énerver l'esprit français
en le désintéressant à l'excès du patriotisme, des
sentiments et des devoirs qu'il impose. J'ajouterai
même que de pareilles doctrines, prises dans leur

vrai sens, me mettent en défiance. Tant de hauteur d'âme, une si sereine impartialité, une curiosité si désintéressée, ressemblent, à s'y méprendre,
à une parfaite indifférence. C'est une sorte de
quiétisme scientifique, que je tiens pour ma part
en médiocre estime. Il n'est donné à aucune créa-
ture humaine de s'affranchir à ce point des bornes
qui lui sont assignées, ni des instincts, étroits
peut-être, mais énergiques et profonds, que la
nature a mis en elle pour l'attacher aux créatures
jetées dans le même coin du temps et de l'espace.
Ces instincts correspondent à de nobles idées
que représentent ces grands noms, l'honneur, le
devoir, la patrie. Qui oserait dire qu'on les doive
subordonner à aucun autre intérêt, quel qu'il soit,
fût-ce l'intérêt sacré de la vérité spéculative ou du
sentiment esthétique, de la science ou de l'art? La
passion pour l'indépendance et la grandeur de
son pays est une forme du culte de l'idéal, qui
n'est inférieure à aucune autre, et dont aucune
autre ne dispense.

Ce que nous avons dit de la passion exclusive
de la science ou de l'art, on peut le dire de
l'amour de l'humanité, qui certes est un grand et
légitime amour, principe des plus nobles émotions, à une condition pourtant, c'est qu'il ne
dévie pas de sa destination, et qu'il n'absorbe pas
le sentiment de la patrie. Or c'était là que ten-
daient, à leur insu ou non, plusieurs des esprits
dévoués à la propagande de cette idée. Il s'était

créé une sorte de sentimentalisme humanitaire qui n'était ni sans exagération ni sans péril. Il s'exprimait, dans les hautes régions de l'esprit, par une philosophie fort élevée assurément, par des raisonnements excellents sur le principe et la fin commune de l'humanité, sur la solidarité sacrée qui relie les hommes dans la même œuvre de civilisation et de progrès, dans les mêmes aspirations vers la justice et la science. — Dans les régions moins élevées, ce sentiment se compliquait de revendications communes aux classes laborieuses, et qui les unissaient, par-dessus les frontières des différents pays, dans le vague espoir et les programmes plus vagues encore d'une liquidation du capital cosmopolite et de l'affranchissement du travail. — Des deux côtés, d'une part avec l'utopie généreuse de la paix et de la concorde, d'autre part avec la chimère plus dangereuse d'une dernière révolution à faire, la révolution sociale, on battait en brèche les remparts de la patrie[1]. On chantait dans les livres, dans les conférences et dans les rues la *Marseillaise* de la paix, on s'enivrait de ce refrain sublime : « Les peuples sont pour nous des frères ! » Nous l'avons

---

1. Voici un extrait du *Bulletin officiel de l'Internationale* qui ne sera pas désavoué : « Il faut arriver à la destruction de l'esprit préjudiciable de nationalité comme étant contraire à l'union et à la solidarité internationale de tous les ouvriers... Nous repoussons toute politique appuyée sur la préoccupation qu'on appelle *patriotisme* et fondée sur la rivalité des nations. »

vue à l'œuvre, cette fraternité des peuples! Quand
elle n'est pas réciproque et garantie, elle n'est
rien autre chose qu'une mystification sinistre.
Nous l'avons vue, cette fraternité, armée jusqu'aux
dents, piller, saccager les pays envahis, renouveler sous nos yeux les violences invraisemblables
des plus tristes siècles de l'histoire. — Les États-Unis
d'Europe! à merveille, quand il n'y aura plus de
souverains pour jeter des millions de vies humaines
en proie à leurs rêves ou à leurs ambitions, quand
il n'y aura plus des nations de proie qui se disent
nées pour la domination universelle, ni des chance-
liers pour le leur persuader, ni enfin d'odieuses passions pour diviser les peuples à défaut de ministres
et de souverains! C'était l'utopie favorite de l'opposition dans les dernières chambres. On réclamait théoriquement le désarmement universel, et
dans le fait on préparait de toutes ses forces celui
de la France. On oubliait, sous l'impulsion des
haines de parti, le rôle de notre pays, qui était
d'empêcher la force de faire la loi en Europe,
d'imposer la justice envers les faibles, la loyauté
des serments, le respect des traités. On a vu par
un récent exemple ce qui arrive dès que cette magistrature de la France s'interrompt ou abdique
momentanément. C'est à qui mettra le plus vite
à profit cette interruption de la justice active. On
en prend à l'aise avec les faibles, soit avec la Tur-
quie, soit avec le Danemark. On dénonce les traités qui gênent, on s'affranchit de la parole donnée

et des signatures échangées par quelque grossier subterfuge appuyé sur beaucoup de canons. — Avec de pareilles mœurs et de tels instincts dans les nations les plus civilisées du monde, à quel siècle lointain ne faut-il pas ajourner ces nobles rêves de fraternité universelle!

La philosophie humanitaire condamne le patriotisme en disant que c'est un sentiment étroit, fait de haine plus que d'amour, et que la haine est stérile et va au néant. Il n'est pas juste de dire qu'il entre de la haine dans l'essence du patriotisme. Cet amour implique une préférence passionnée, une subordination de sentiments, non une opposition nécessaire. La haine n'arrive qu'à l'instant où l'amour se révolte contre l'injure et la violence. En ce cas, comme dans tous les autres, elle n'est que le contre-coup de l'amour offensé. — Travaillons de toutes nos forces à préparer l'ère de la fraternité universelle; mais travaillons-y d'abord en faisant régner la justice sur la terre. Pour cela, exterminons la violence et le crime, déshonorons-les devant l'histoire, ne craignons pas de les détester et de les combattre par tous les moyens sous les noms divers des puissances qui les représentent. — Et puis, ne l'oublions pas, l'humanité est si vaste que le sentiment qu'elle nous inspire risque de se perdre dans sa vague immensité. Habituons-nous à l'aimer à travers cette humanité particulière dont nous faisons intimement partie, à laquelle nous tenons par les racines de

notre passé, par toutes les fibres de notre cœur.
Ce sera l'initiation naturelle à un ordre plus large
de sentiments et de devoirs, si nous avons d'abord
bien connu et pratiqué les sentiments précis que
la patrie nous inspire et les devoirs positifs qu'elle
nous impose. Quand nous nous serons accoutu-
més à aimer notre patrie dans la justice et dans
la paix, il nous sera plus aisé de passer de cette
sphère restreinte à la sphère agrandie de l'humanité. Cette méthode est plus sûre que celle qui
procéderait dans l'ordre inverse, et s'irait perdre
dans d'inutiles et dangereuses rêveries.

C'étaient d'autres rêveries de ce genre qui nous
empêchaient de voir clair dans les intérêts et les
droits de la France, au cours des intrigues diplomatiques ou des aventures armées de ces derniers
temps. Une des idées fausses qui ont fait le plus
tort au sentiment de la patrie, c'est le principe
mal compris, indiscrètement appliqué, sur lequel
on édifiait la théorie toute nouvelle des nationalités.
On n'a pas oublié l'étrange et funeste faveur que
cette théorie a rencontrée auprès des esprits les
plus divers de tendance et d'origine, assurément
au grand détriment de la France. Cette idée, tout
abstraite, nous désintéressait insensiblement d'une
cause très-évidente et très-claire, celle de la patrie,
sacrifiée dans son intérêt immédiat et sa sécurité
à des bouleversements politiques d'une utilité et
d'une moralité douteuses. Sous le prétexte mal à
propos invoqué de droits naturels et de justice

imprescriptible, on livrait aux railleries cette vieille politique de l'équilibre européen, la politique de Henri IV et de Richelieu, qui se connaissaient bien pourtant en matière de patriotisme. Des esprits distingués eux-mêmes, séduits par cette chimère, partaient pour la croisade, la plume à la main. Nous devenions les don Quichottes des nationalités souffrantes. Seulement on n'avait jamais pu s'entendre sur le principe ; encore aujourd'hui l'incertitude reste la même. Où commence, où finit la nationalité? A quelles limites doit expirer ce prodigieux principe, susceptible d'une extension menaçante à laquelle il importe de marquer un terme? Quel est l'élément constitutif de la nationalité? Est-ce la race, la langue, la littérature, la religion? Est-ce un seul de ces éléments, ou bien en faut-il plusieurs? faut-il même qu'ils soient tous réunis pour former cette chose rare? Personne encore n'a pu le dire clairement; mais voyez quel abus on a fait de ce principe, quel abus on en a pu faire pour légitimer toutes les usurpations, toutes les violences ! A l'aide de ce principe vous avez, il est vrai, fondé l'unité italienne, et j'y applaudis volontiers, si l'avenir montre que ce n'était pas là une unité factice, obtenue à l'aide de circonstances et de passions momentanées, et que de ces éléments divers, Naples, Rome, Turin, il puisse sortir une nation homogène, un état durable. Si cet espoir se réalise, c'est une preuve que le principe agit au hasard, faisant le bien comme le mal, organisant ici des unités naturelles qui se seraient fort bien organisées sans lui, là des unités factices et instables, le tout aveuglément et sans savoir ce qu'il fait. Prenez garde cependant. Si la nationalité constitue le droit à l'unité, à quel titre vous opposerez-vous à l'unité slave? Voilà du coup une des plus grosses questions soulevées, un des plus formidables périls de l'avenir bien légèrement provoqué par vous. Voulez-vous avoir sur les bras 84 millions de Slaves rassemblés sous la forte discipline et dans la puissante unité de la Russie? Poussez le principe à bout. S'il est juste, comment prétendrez-vous retenir une seule de ses conséquences? L'unité germanique élève aussitôt ses prétentions. On les connaît; mais, si elle a le droit historique pour elle, pourquoi vous opposer à la force dont son droit est armé? Et voici les provinces baltiques menacées dans l'avenir, l'Alsace et la Lorraine dans le présent, le Luxembourg pris en attendant le tour de la Hollande. Qu'avez-vous à dire? Le principe des nationalités a prononcé contre vous.

En face de ces confusions d'idées spécieuses, de faux principes et de droits mensongers, plaçons l'idée de la patrie. Comme cette idée est claire, comme le sentiment qu'elle éveille est précis et profond! Et cependant la difficulté est tout autre pour un grand pays moderne de se définir lui-même qu'elle n'était pour ces patries antiques qui se confondaient avec la cité, qui avaient un corps mesurable, des frontières visibles, un horizon limité, embrassé du regard par le citoyen, comme Athènes ou Rome. Malgré cette difficulté, qui de nous ne conçoit et ne sent ce que c'est que la patrie? La race est un élément secondaire. Il y a plusieurs races en France, des Gaulois, des Romains, des barbares, des Allemands. La langue n'est pas davantage l'élément essentiel. Le Breton qui parle comme parlaient ses ancêtres les Celtes, s'estime Français au même titre que l'Alsacien qui parle allemand. La religion n'est pas non plus le trait dominant. A l'heure ou nous sommes, qui pourrait dire chez qui le patriotisme est le plus vif, chez les catholiques ou les protestants? Laquelle des deux religions a le plus souffert des malheurs du pays? Qui pourrait mesurer ces douleurs? — L'unité de l'État, réalisée dans un certain organisme d'institutions, donne bien certainement un corps à l'idée de la patrie. Cela ne suffit pas cependant. Voyez la Pologne réfractaire à toutes les tentatives d'assimilation de la Russie, et après un siècle d'histoire en commun, imposée par la force, refusant encore comme au premier jour d'entrer dans l'organisme préparé pour la recevoir. C'est qu'à tout cela il manque quelque chose, la flamme qui seule peut fondre tous ces éléments réfractaires dans l'indissoluble unité. L'amour, voilà le vrai principe; l'amour, c'est-à-dire l'unité acceptée, voulue, consacrée par des souffrances communes et des dévouements réciproques, l'unité cimentée

par le sang et les larmes des générations, voilà
la patrie. Elle n'est pas ailleurs. Ainsi se fonde
l'intime solidarité des familles placées sur le même
territoire; ainsi se réalise, par un sentiment d'une
énergie que rien ne peut abattre, cette âme collective, formée par toutes les âmes d'un pays, et
qui, plus heureuse que le territoire lui-même,
échappe aux prises de la force et défie la conquête.

II.

Nous avons montré sous quelles influences le
patriotisme s'était énervé dans ces dernières années. Il n'est pas nécessaire, au moment où la
France porte au sein la blessure de l'invasion, à
l'heure même ou des quartiers de Paris s'abîment
sous les bombes, de montrer comment a disparu
cette mortelle langueur, comment la patrie, qui ne
représentait plus pour beaucoup qu'une sorte de
raison sociale, pour d'autres qu'un préjugé suranné,
pour quelques-uns enfin qu'un vague souvenir ou
une pâle abstraction, est devenue tout d'un coup
une réalité sublime, digne de toute notre piété et
de tous nos sacrifices, — pour qui le dévouement
absolu de chacun n'est que le simple devoir. C'est
le miracle de la force brutale de provoquer l'explosion des forces morales qu'elle méprise, et de
susciter l'instrument de son châtiment. A coup sûr

quand il forgeait les foudres de la justice divine dans l'atelier de M. Krüpp, le bon roi Guillaume n'avait pas pensé qu'il allait réveiller l'âme à demi éteinte de la France. Si ce réveil avait eu lieu plus tôt, si la France avait pu se mettre d'accord avec l'Angleterre il y a six ans, elle eût empêché l'attentat commis sur le Danemark, — ce crime révélateur par lequel s'essayait la politique de la Prusse. Cette fois au moins la France aurait déclaré, on nous l'accordera, la plus juste des guerres. Elle eût été, aux yeux de l'Europe et de l'histoire, le soldat désintéressé du droit, et aujourd'hui le canon prussien ne déshonorerait pas nos remparts qu'il écrase. Touchante solidarité que crée la justice entre les peuples modernes! le Danemark protégé contre l'injure, c'était la France épargnée, l'Europe garantie pour un demi-siècle contre les attentats, le monde en paix. Et voilà comment s'expie non-seulement le mal que l'on fait, mais celui qu'on n'a pas empêché.

Si tardif qu'il soit, ce grand phénomène moral s'est accompli : la France, sous le coup terrible dont elle a manqué être foudroyée, s'est ressaisie tout entière dans la conscience de sa vivante unité. Elle a senti ce que c'était qu'un compatriote en subissant l'injure de l'étranger. Tous les vains rêves et les systèmes se sont évanouis devant la raison publique, en face de la réalité. Je fais aux penseurs transcendants et à nos grands critiques l'honneur de croire qu'ils ont ressenti je ne sais quel trouble nouveau dans la paix divine de leurs idées. Quant aux philosophes humanitaires, ils avouent qu'il faut bien ajourner de quelques années l'ouverture des États-Unis d'Europe, de peur qu'il ne prenne fantaisie au terrible chancelier du Nord de présider la séance. Les intérêts eux-mêmes ont compris le tort qu'ils se faisaient en s'isolant dans leur indifférence. D'ailleurs, il faut bien le dire à la gloire de notre race, l'égoïsme n'est chez nous qu'à la surface. Il y avait dans notre fait bien plus de légèreté que de corruption : vienne une circonstance grave, une crise, on est émerveillé de voir comme ces frivolités ou ces scepticismes de parade disparaissent et se fondent sous les souffles meilleurs qui viennent d'en haut pour laisser voir le fond du cœur, qui est bon, et l'instinct, qui est droit. Cet épicurien, ce sceptique que nous avons connu, le voilà prêt au sacrifice, se moquant peut-être de lui-même, parce qu'il faut bien garder quelque chose de son tour d'esprit et de ses habitudes, mais capable de mourir pour une idée qu'il raillait hier, pour le devoir dont il plaisantait à son cercle, pour la patrie dont il applaudissait les parodies sur les scènes infimes. Tel est le Français : ceux qui l'ont jugé autrement n'ont rien compris à cette bizarre essence. Le mal était dans l'esprit plus que dans le cœur. Voilà ce qu'ignoraient les lourds moralistes de l'Allemagne qui venaient nous juger, étudier nos légèretés sur l'asphalte des boulevards ou à l'orchestre des petits théâtres, et qui, rapportant à Berlin le témoignage de la pudeur offensée, sollicitaient le plus pieux des rois de venir nous rendre des mœurs à coups de canon.

Les signes du patriotisme réveillé, ils sont partout. Que nous sommes loin déjà, — au moins par le temps moral, celui que mesurent non pas les jours, mais les idées, — que nous sommes loin de ces théories commodes et paresseuses qui remettaient au soin de l'État la sûreté de nos biens, celle de nos existences, la dignité et la défense du pays! Nous nous étions habitués à croire que le salut privé et public était chose officielle, administrative, qui regardait en premier lieu la gendarmerie, en second lieu l'armée, au sommet de la hiérarchie le souverain. Pour nous, il semblait que ce n'était pas notre affaire. Nous comprenons maintenant quel risque nous a fait courir cette abdication momentanée de nos devoirs les plus sacrés, ceux de qui dépendent à un moment donné la fortune et l'existence d'une nation. Les énergies individuelles se sont ranimées; elles se relèvent d'un élan superbe qui ne demande qu'à être soutenu et à durer pour que la France soit sauvée. Chacun ne compte plus que sur soi-même pour protéger la chose commune, le bien de tous. On n'admet plus de sauveurs par procuration. Nous sentons qu'il ne nous est plus permis de déléguer à personne l'honneur du péril, la responsabilité de l'effort, que pour tous le danger doit être le même, l'obligation commune, que la dette envers le pays doit être payée au même prix et du même sang, enfin. qu'il n'y a ni privilége ni dispense devant la question de vie ou de mort posée à la France. Si cet instinct salutaire devient une conviction raisonnée, s'il s'enracine dans le cœur de la nation, ne désespérons pas d'elle.

Que nous faut-il pour cela? Une seule chose, la persévérance dans l'effort. Ce qui est difficile pour la nation, je le sais, ce n'est point l'élan, même héroïque, c'est la ténacité du vouloir, c'est la durée dans la résolution, c'est la vigueur soutenue. Eh bien! que chacun de nous s'exerce à cette vertu rare en France, la patience contre l'obstacle et surtout contre l'obstacle intérieur, notre mobilité d'humeur, la promptitude de nos dégoûts, ces énervements et ces lassitudes par lesquels nous avons plus d'une fois failli périr. Ah! si nous savions vouloir comme nos ennemis, ceux qui sont à nos portes, vouloir comme eux, non pas un mois, mais dix ans, non pas dix ans, mais un siècle! Sachons au moins prendre le secret de leur force; sachons imiter cette énergie tenace d'un peuple qui a fait à nos dépens la preuve de sa supériorité momentanée! Que cette revanche terrible d'Iéna nous offre à nous-mêmes l'occasion et le profit d'un perfectionnement durable! Pour cela, nous n'avons qu'à nous inspirer de l'exemple que nous a donné la Prusse. Quoi de plus patriotique que de reconnaître les qualités de ses plus implacables ennemis, à la condition d'en profiter? Par une coïncidence bizarre, en même temps que tonne autour de nous l'artillerie prussienne, on publie (bien tardivement, hélas!) un remarquable rapport adressé en 1868 au ministre de la guerre par notre attaché militaire en Prusse, et qui, expliquant le présent par le passé, retrace en termes expressifs cette grande histoire. L'audace dans le dessein, la vigueur dans l'exécution, voilà les traits de la nation que nous combattons. Ce que l'on connaissait moins, c'étaient les fortes qualités dont l'emploi remplissait l'intervalle des grands événements, et par lesquelles se préparait, s'assurait cette singulière fortune d'un peuple deux fois abattu en un siècle et se relevant deux fois de l'abîme avec une vigueur plus indomptable. Écoutons l'observateur sagace que nous avions placé à Berlin pour nous envoyer de là des informations excellentes que personne ne consultait à Paris et des conseils qui viennent d'être exhumés un peu tard. « Aucune période de l'histoire de la Prusse n'est plus instructive que celle qui suivit la catastrophe d'Iéna. La Prusse est anéantie; l'empereur la relègue au delà de l'Elbe, lui impose des contributions écrasantes, et malheureusement y ajoute les humiliations en exigeant qu'elle n'entretienne pas plus de quarante mille hommes sous les armes. Alors cette nation virile, tout en se courbant sous le joug de la nécessité, se replie sur elle-même; elle étudie les causes d'un si profond désastre, bien résolue à s'affranchir et à se venger. Aidé des sentiments qui animent toute la nation et entraîné par des hommes de cœur, le gouvernement se prépare à profiter du moment favorable, élude les conditions humiliantes imposées par l'empereur en instruisant sans relâche de nouvelles troupes de landwehr; puis 1812 venu, la Prusse fournit deux cent mille hommes à la coalition, se distingue par un acharnement sans pareil, et poursuit la France de rancunes qui persistent vivaces aujourd'hui chez les descendants de cette époque. On ne peut qu'admirer cette énergie d'un peuple pour qui un désastre écrasant devient ainsi une cause de régénération. Cette pensée est si vraie qu'on la trouve énoncée dans la plupart des publications prussiennes qui retracent l'histoire du XIXe siècle. Elle m'a aussi été exprimée par des hommes distingués. C'est à la France, disent-ils, que nous devons notre réveil et notre grandeur. Iéna nous a fait réfléchir, et nous avons profité de la leçon[1]. » Les détails de cette histoire, la régénération d'un peuple, l'élan unanime de la société de Berlin en 1807, la conspiration des efforts de toutes les classes, de tous les talents vers un but commun d'affranchissement, tout cela nous a été raconté dans des publications diverses d'après des correspondances et des mémoires du temps qui ne

---

1. *Rapports au ministre de la guerre*, par le baron Stoffel.

laissent plus rien à désirer à notre curiosité, et
dont nous devons tirer les plus énergiques motifs
d'émulation. Ne nous plaignons pas trop de la
rude leçon que nous avons reçue, si nous aussi
nous en savons profiter comme la Prusse a profité,
il y a soixante ans, de celle qu'elle avait reçue de
nous.

Pour cela, croyons et agissons. Croyons à la
patrie ; ne laissons plus s'éteindre en nous, sous
le souffle glacé des systèmes, cette flamme, principe des mâles vertus et de l'héroïsme qui relèvent
les peuples. Eux aussi, les philosophes de l'Allemagne, avant Iéna, dans la jouissance tranquille
de leurs spéculations et de leurs travaux, dans la
sérénité de la théorie pure, en étaient arrivés à
cette suprême indifférence pour la patrie qui se
confond trop souvent avec l'amour de l'humanité.
Il régnait dans les sphères philosophiques je ne
sais quel cosmopolitisme béat et vague qui ressemblait singulièrement à celui dont nous a réveillés ce coup de foudre. On sait que, la veille encore
des grandes épreuves de la race germanique, Herder
flétrissait « le patriotisme, indigne de citoyens du
monde. » Lessing déclarait aux applaudissements
des beaux esprits « qu'il n'avait aucune idée de
l'amour de la patrie, et que ce sentiment lui parais-
sait tout au plus une faiblesse héroïque dont il se
passait volontiers. » Schiller s'écriait dans un dis-
tique célèbre : « Vous espérez en vain, Allemands,
former une nation ; contentez-vous d'être *hommes*. »

Fichte lui-même réclamait trois ans à peine avant Iéna, dans les *Traits du temps,* contre les prétentions étroites du sentiment national, — Fichte, qui en 1807 adressait à la nation allemande vaincue et dispersée ces *Discours* où il osait lui annoncer les plus sublimes destins, qui dans les salles de l'université de Berlin, pendant l'occupation française, répandait avec son âme dans celle d'un auditoire frémissant les ardeurs de sa philosophie vengeresse. — C'est que toutes les théories humanitaires, si belles dans l'idéal, s'évanouissent comme une vaine fumée quand l'ennemi est là, devant vous, en armes et vainqueur.

Nous avons sous la main les éléments de notre régénération. Le principal de tous, c'est le renouvellement de l'armée. Je ne suis pas de ceux qui accusent de trahison nos généraux vaincus, et jusqu'à preuve du contraire je ne veux pas admettre qu'il puisse y avoir des mains assez criminelles, quand elles ont reçu en dépôt la fortune de la France, pour la laisser volontairement échapper ou la livrer à nos mortels ennemis; mais ce qui est aujourd'hui démontré jusqu'à l'évidence, c'est que le système de nos institutions demande à être complétement refondu dans ses instruments matériels comme dans ses éléments moraux, dans ses méthodes comme dans l'esprit qui l'anime. Le mot du chancelier du Nord nous trace les conditions du salut : « La Prusse est une nation armée contre une nation qui a une armée. » Excellent avis qu'il faut mettre à profit non pas seulement aujourd'hui, dans la crise formidable qui nous étreint, mais dans l'avenir, quand nous aurons le loisir de l'organiser. — L'armée tendait à se séparer de nous, elle devenait insensiblement une nation dans la nation ; pis que cela, elle devenait une carrière. Il faut remettre nos institutions militaires en contact avec l'esprit vivant de la France. Le service sous les armes ne doit plus être une fonction pour quelques-uns, il est un devoir pour tous. Non, sans doute nous ne devons pas désarmer : cette belle utopie doit disparaître devant les leçons que nous donne la Prusse, devant l'état fiévreux et inquiet de l'Europe, où l'on s'aperçoit de ce qui manque dès que la France, véritable justicière, n'y fait pas régner l'ordre en imposant aux forts le respect des faibles ; mais nous devons armer toute la nation, imposer à la jeunesse dès le collége ce rude apprentissage, la préparer au métier qu'elle fera plus tard. Nous ne détruirons pas les cadres de notre armée, nous y ferons passer à grands flots toujours renouvelés le peuple entier pour le rendre capable non de conquête, mais de résistance à la conquête, pour n'être plus un jour surpris à l'improviste, comme nous l'avons été par des millions de voisins tranquilles, studieux, pacifiques en apparence, levés soudain comme par un coup de baguette magique et se ruant à travers nos bataillons broyés jusqu'au cœur de la France.

En même temps notre armée renouvelée deviendra, elle aussi, comme l'a été l'armée prussienne après Iéna, une école de patriotisme. Elle l'est déjà, même dans l'organisation hâtive que les circonstances et le péril public lui ont donnée. N'est-ce donc rien en effet que ce mélange déjà réalisé des divers éléments dont se compose la nation : la garde nationale, qui représente tout le monde et dont on aurait pu, avec un peu de discipline et quelque autorité, tirer un meilleur parti; la garde mobile, qui représente plus spécialement les jeunes générations tirées des écoles, des ateliers ou des travaux des champs; l'armée régulière enfin, dont les débris combattent aujourd'hui près d'elle et prendront à ce contact les germes de l'esprit national, qui seul peut soutenir leur dernier élan? — Cette expérimentation bien que hâtive et tumultueuse, faite dans le danger suprême, cet appel fait aux énergies individuelles le lendemain des catastrophes, cette mission de sauver la France donnée à la France elle-même après la destruction de ses armées, tout cela aura, il faut bien l'espérer, une conséquence du plus haut prix : le rapprochement des classes et des partis sous le même uniforme, dans la rue, sur les remparts, aux tranchées, partout. Ç'a été un spectacle unique dans l'histoire que de voir ainsi se mêler sur le champ de bataille toutes les conditions, toutes les habitudes, les professions les plus diverses. Les religieux, les prêtres, ont eu leur large part au péril et à la gloire. Personne, même dans les quartiers perdus, n'oserait insulter maintenant à la robe de bure des frères de la doctrine chrétienne, depuis que cette robe a été trouée par les balles prussiennes sur le plateau de Champigny, dans la plaine du Bourget, sous le drapeau des ambulances. Personne, même parmi les penseurs les plus hostiles, n'oserait révoquer en doute le patriotisme du clergé depuis qu'on a lu l'éloquente lettre de l'évêque d'Orléans quelques jours avant l'invasion de sa ville épiscopale, ou celle de l'évêque d'Angers à ses jeunes séminaristes, leur mettant à la main un fusil et les poussant à faire leur devoir. — Ainsi tomberont, j'espère, bien des préjugés et des haines, ainsi se préparera l'ère de la vraie liberté, qui ne peut exister que par la tolérance réciproque des opinions et le respect des convictions d'autrui. Tout cela doit amener, si la logique gouverne les choses, une ère de concorde, une paix définitive entre les classes. Quand des habitants de la même ville, étrangers les uns aux autres avant cette dernière épreuve, auront vécu ensemble des mêmes privations et dans le même péril, comment serait-il possible qu'un jour la haine politique s'emparât de ces frères d'armes et tournât le fusil de l'un contre la poitrine des autres? La guerre contre l'étranger, soutenue d'un commun accord, aura désarmé à tout jamais la guerre civile. Je veux le croire. Et si cela n'est pas, quel peuple sommes-nous donc? Dans un

des plus tristes jours de la triste histoire que nous
traversons, vers le 31 octobre, à l'une de ces heures
néfastes où un simple hasard, un mot mal compris,
un geste mal interprété, peuvent amener les plus
épouvantables conflits dans les foules inquiètes,
enflammées par d'odieux soupçons, je traversais
sur la place de l'Hôtel-de-Ville un de ces groupes
qu'un orateur sinistre excitait à voix basse et
poussait *à l'action*. Un ouvrier lui répondait et je
recueillis en passant cette bonne parole : « C'est
cependant bien dur d'échanger des coups de fusil
quand on a passé des jours et des nuits ensemble
au rempart. »

Fasse Dieu que cette réconciliation provisoire
sous les armes rende possible plus tard l'union
des partis dans un seul parti qui sera la nation !
A ce prix, nous n'aurons pas perdu inutilement
ces torrents de sang qui depuis quatre mois cou-
lent sur notre sol envahi; mais il faut que la foi
patriotique l'emporte dans l'âme de la France sur
le feu révolutionnaire. Cette distinction est de
toute nécessité, et si elle triomphe des confusions
que l'on voudrait créer entre ces deux sentiments
si différents, j'ai bon espoir pour l'avenir de mon
pays. Jusqu'à cette heure, c'est la foi patriotique
qui heureusement domine. C'est elle qui, de tous
les coins de nos malheureuses provinces, appelle
sous les mêmes drapeaux la vieille France monarchique et la jeune France républicaine. La foi
patriotique accepte provisoirement le gouverne-

ment nouveau, sans discuter son origine, parce qu'elle sent avant tout le besoin de concorde et d'unité, ne lui demandant qu'une chose, de sauver le pays, et prête à accepter de grand cœur la république, si la république nous ramène la victoire. Elle consent, sans penser à se plaindre, à tous les sacrifices de parti pour le bien de la France; elle subordonne toutes les questions qui divisent à celle qui réunit, la question unique, celle de l'honneur national et du salut. Elle lève des armées, elle les organise, elle les jette toujours renouvelées sous l'effort de l'ennemi étonné; elle inspire les plus pures ardeurs, les plus nobles dévouements, celui des jeunes gens qui vont mourir le front haut, l'éclair sublime dans les yeux, et celui des hommes politiques dont la gloire est faite depuis longtemps, qui pourraient la mettre en sécurité et comme à l'abri dans un repos que le monde entier honore, et qui n'hésitent pas à jeter leur vieillesse illustre sur tous les grands chemins de l'Europe pour aller plaider la cause de leur patrie et imposer le respect de ses malheurs aux grandes puissances égoïstes, annonçant les justices infaillibles de l'avenir, qui châtiera cette indifférence. Voilà ce que fait la foi patriotique. Le feu révolutionnaire est d'une action moins sûre et d'une inspiration moins haute. Il excite les passions plus que les dévouements; il divise par ses dangereuses ardeurs plus qu'il ne concilie; il recommence éternellement, à des époques fort différentes, la même histoire ; il refait les mêmes discours, il édite les mêmes tirades, il s'épuise en proclamations ; il ne déteste pas l'effet théâtral. Il installera sur les places publiques des estrades avec tentures et drapeaux pour les enrôlements de volontaires devant les populations plus étonnées que sympathiques ; il décrétera la victoire, tandis qu'il vaudrait mieux l'organiser ; il instituera des commissaires civils près des armées pour surveiller les chefs ; il destituera les généraux malheureux, proclamant que la république ne peut être vaincue que par la trahison. Il effraye les populations plutôt qu'il ne les attire ; il trouble le pays, qu'il aurait suffi d'émouvoir ; il fait si bruyamment tout ce qu'il fait, avec de si grandes déclamations et des gestes si furieux, que les gens calmes mettront en doute s'il ne place pas les intérêts d'un parti avant ceux de la France, et qu'on se demande quel serait son choix, s'il fallait en faire un.

Mais on peut espérer que le bon sens de la nation se prononcera et que son action salutaire ramènera l'équilibre dans plus d'un esprit où il semblait d'abord en péril. La foi patriotique a déjà fait bien des miracles dans notre histoire. Je n'en connais pas de plus grand que celui qu'elle est en train d'accomplir. Il se produit dans la France entière un de ces mouvements prodigieux qui soulèvent un peuple et le précipitent tout entier, frémissan et armé, au-devant de l'en-

vahisseur. Nous ne savons pas tout ce qui se passe
derrière cette muraille de fer élevée entre la province et nous ; mais on ressent une grande joie
et un noble orgueil à deviner la vérité à travers
la colère de nos ennemis et à reconstruire avec
les indications qui leur échappent le tableau de
nos chères provinces réunies dans un sublime
élan. — Un de ces journaux rédigés pour l'armée
ennemie et qui sont le léger, mais précieux butin
de nos victoires d'avant-poste, se plaint en termes
irrités du soulèvement de ces *pauvres populations
fanatisées*. Il paraît que c'est très-mal fait à nous
de nous défendre, que cette obstination est de
mauvais jeu, qu'après Sedan et Metz, n'ayant plus
d'armée, nous ne devions plus lutter ; tout le mal
que nous leur faisons maintenant est pure malice
et méchanceté noire. Le bon roi Guillaume nous
le dit avec une sorte de tendresse : « Pourquoi
arracher vos paisibles populations à leurs ateliers
ou à leurs champs ? Je ne demandais pas mieux
que de les laisser travailler en paix ; » mais ce qui
est monstrueux, c'est que nous ayons songé à
organiser des légions de francs-tireurs. Avec ces
gens-là, fort incommodes pour « les vaillants Allemands, » on ne sait vraiment plus distinguer le
soldat du bandit. Où cesse le combat honorable,
où commence l'assassinat, on l'ignore. Il est très-
désagréable d'être exposé à trouver la mort derrière un buisson ou au coin d'un bois, quand on
vient exercer dans un pays vaincu les justes droits

de la conquête. Enfin, car la liste des griefs est longue, dans quel pays a-t-on jamais vu gaspillage pareil des deniers publics? En une autre circonstance déjà, nos aimables ennemis avaient doucement blâmé le gaspillage incompréhensible que nous faisons de notre poudre; ils nous en avaient charitablement avertis. Aujourd'hui il s'agit de nos finances, et le conseil marque la même bonté d'âme.

Nous n'assistons qu'en imagination à ce grand spectacle de la France ressuscitée; mais nous avons sous les yeux celui de Paris. Je voudrais, dans un tableau rapide qui serait la conclusion naturelle de cette étude, montrer à nos détracteurs de Berlin ce qu'est devenu sous la rude discipline du malheur ce Paris que ces hommes graves ont jugé si légèrement sur la foi de quelques mauvais romans, et où il leur plaisait de voir l'auberge élégante de tous les vices de l'Europe. Je voudrais qu'ils le vissent maintenant, tel que l'a fait une longue et terrible guerre, calme sous une pluie de feu, plus résolu que jamais dans ce quatrième mois du siége qui va s'accomplir. Le voir ainsi, ce serait le châtiment de nos plus cruels ennemis. Quatre mois de siége, ce n'est pas de l'héroïsme encore, je le veux bien, et ce n'est que depuis peu de temps que nous commençons à mériter cette admiration de l'univers qu'on nous décernait dès les premiers jours, dans des proclamations presque ridicules; mais enfin il y a eu, il y a surtout maintenant de grandes souffrances supportées par une

population immense avec un calme ni q ne se
serait peut-être pas démenti, si des vanités sinis-
tres, d'atroces ambitions ne venaient par instant
le troubler, l'irriter et menacer de soulever le
chaos où s'engloutirait ce qui reste de la fortune
et de l'honneur de la France.

La situation est unique dans l'histoire. Depuis
le 18 septembre au matin, un cercle de fer s'est
fermé impitoyablement sur une ville de deux millions d'habitants, que le même coup a retranchés
du reste du monde; ce n'est plus qu'à de bien
rares intervalles qu'il nous est donné, par des
moyens primitifs qui seraient risibles s'ils n'étaient
touchants, quelques nouvelles de nos chers absents
et ces échos du dehors qui nous apportent les dernières palpitations du cœur de la France. Oui, ce
que l'on croyait impossible s'est vu. A la même
heure, sur tous les points de la vaste circonférence,
les mailles de ce réseau immense se sont rejointes
avec une rigidité et une justesse mathématiques.
Jusqu'à ces derniers jours, c'était moins un siége
que nous subissions avec ses émotions actives
qu'une sorte de séquestration morale destinée à
nous infliger ce double supplice, la famine et le
découragement. Maintenant la voilà qui avance
ses batteries pour nous couvrir de ses feux, cette
prudente armée. Au fait, est-ce bien une armée?
n'est-ce pas plutôt une gigantesque machine diri-
gée par d'habiles ingénieurs, quelque chose comme
une usine à meurtre, le plus merveilleux instru-

ment de précision que le génie humain ait inventé pour la destruction des hommes et des villes? Assurément la guerre ainsi entendue n'a plus rien d'un poëme; c'est un problème de mécanique meurtrière qui se développe. On n'avait encore rien vu de comparable à cette combinaison d'intelligences et de volontés humaines réduites au rôle de ressorts et d'engrenages, et conspirant sous l'impulsion d'un moteur unique à ce résultat, l'écrasement scientifique d'une nation.

On aura peine à se figurer plus tard ce qu'a été à certains jours l'état moral de cette ville isolée du monde entier, rejetée violemment sur elle-même par les batteries ennemies, se dévorant d'angoisses, l'oreille tendue vers tous les bruits du dehors, s'épuisant soit en travaux pour la défense, soit en efforts contre la guerre civile, et se reposant de ces labeurs et de ces soucis dans une inaction agitée, dans l'énervement des longues et vaines attentes. Nul des innombrables habitants de cette ville n'a échappé au sort commun, nul n'a songé à s'y soustraire. Depuis près de quatre mois, chacun de nous a vécu hors de chez lui, arraché à ses foyers, à ses travaux, par cette épouvantable tempête qui a pris dans son tourbillon tant de millions d'existences, les jetant toutes en proie à la même fatalité, dans le même inconnu. Pendant ces longues journées et ces nuits plus longues encore, dans la rue et sur les remparts, nous avons dû renoncer à cette vie individuelle

que nous font nos professions diverses, nos goûts,
nos études. La vie de chacun a été celle de tout le
monde, et quelle vie, traversée par ce flux et ce
reflux des impressions les plus diverses, saturée
jusqu'à l'excès d'électricités contraires, tour à tour
exaltée et défaillante, fiévreuse dans ses langueurs
mornes, comme dans ses surexcitations aiguës!
Tout ce tumulte des armes, ce bruit de paroles et
d'idées, ce choc des émotions contraires, cette
agitation, tout ce que nous avons rêvé, espéré,
souffert, tout ce que nous avons vu ou ce que nous
avons fait, l'histoire de chacun de nous enfin, ce
sera de l'histoire un jour.

Il y avait bien d'abord, quand a commencé la
grande épreuve, quelque agitation inutile dans la
rue, je ne sais quelle gaieté malséante en de si
tristes jours, et le courage n'était pas lui-même
sans quelque pointe de forfanterie. Tout cela est
changé à l'heure qu'il est, et quelqu'un qui aurait
vu Paris dans le cours de septembre ou d'octobre
ne le reconnaîtrait pas deux mois après. Les
parties légères et vaines de l'esprit parisien se sont
évaporées dans les derniers soleils d'automne. Il
n'en est resté que la meilleure part et la plus solide,
la résolution, le patriotisme obstiné, la foi dans le
génie de la France. Nous avons fait voir au monde,
qui contemplait nos premiers désastres avec une
pitié sans bienveillance, ce qu'il y a de ressources
dans les forces et le cœur de ce peuple, et que sa
volonté intrépide a pu s'égaler à son immense

désastre. Ah! je le sais, ce sont là sentiments peu politiques que la raison positive condamne; mais c'est l'impression du grand cœur de Paris, grand à travers ses passions mêmes et ses misères, — c'est cette impression que je traduis ainsi. En vain vient-on lui dire : « Soyons sages. Faut-il absolument être héroïque? » Il repousse cette politique de la prudence, si elle ne s'offre pas à lui avec des conditions qui n'humilient pas le présent et n'imposent pas à l'avenir le devoir de revanches sans fin. Combien je préfère à cette sagesse des conseillers de tant d'esprit et de résignation la folie que l'honneur inspire et qui n'est après tout que le sentiment exalté du devoir! Cette folie aussi peut avoir sa clairvoyance, et que de fois n'est-il pas arrivé que les gens raisonnables ont eu tort contre elle!

La voilà faite dans l'épreuve et le sacrifice la réconciliation de la France entière! Maintenant, quoi qu'il arrive, l'âme de la patrie est retrouvée; la France recommence. Nous avons senti ce qu'est la patrie en la voyant souffrir. Avec quelle exaltation nous le sentirions le jour où nous la verrions triomphante et délivrée! Cette guerre qui aura épuisé notre plus généreux sang, il est possible qu'elle fasse l'unité de l'Allemagne; mais ce ne sera jamais que l'unité de territoire et de caserne. A coup sûr, cette guerre aura renouvelé l'union de la France, son union indissoluble et sacrée dans la liberté et dans l'amour.

P.-S. — J'ajoute ce post-scriptum un an après, pour expliquer le ton d'optimisme qui règne dans ces dernières pages. J'y ai laissé subsister toutes les illusions d'un patriotisme exalté, si cruellement démenties par les événements. Le spectacle de la France ressuscitée, nous ne l'apercevions alors qu'à travers le mirage officiel de la délégation de province. Combien il y avait à rabattre de ces télégrammes emphatiques et ce que nous a coûté cette déclamation perpétuelle, adoptée comme *instrument de règne,* nous ne le savons que trop aujourd'hui. — Quant à la situation morale de Paris, si tristes qu'aient été les événements ultérieurs, le tableau que je trace de cette grande ville pendant la dernière partie du siège n'en garde pas moins sa vérité. Nous ne devons pas être injustes *rétroactivement* pour certaines parties de cette étrange histoire. Dans cette absence de tout pouvoir régulier et de toute administration sérieuse, par la force de l'opinion publique qui faisait de son mieux pour y suppléer et malgré d'abominables excitations au désordre, depuis le 31 octobre jusqu'au 22 janvier, Paris est resté calme et uniquement dévoué, en apparence, à l'œuvre patriotique de la résistance. Sans doute, bien des influences pernicieuses et des habitudes déplorables préparaient l'explosion prochaine ; la Commune germait dans les rangs de la garde nationale, à la faveur de cette anarchie politique et militaire qui s'est appelée le gouvernement de la défense nationale. Déjà bien des appréhensions secrètes s'élevaient dans les esprits réfléchis. Mais quand j'écrivais les pages qui précèdent, vers les derniers jours du siége, j'essayais de repousser de ma pensée ces craintes néfastes qui l'auraient accablée. C'était un suprême appel que j'adressais au patriotisme, au bon sens, à la raison d'un peuple.

—

DEUXIÈME PARTIE

LA RÉVOLUTION

I

LA RÉPUBLIQUE

ET

LA RÉVOLUTION

I.

Après deux expériences successives, répétées à vingt ans d'intervalle, je suis profondément convaincu que la république ne pourra s'établir en France qu'à la condition qu'elle se dégage, une fois pour toutes, de ses procédés, de son personnel et de son tempérament révolutionnaires. Cela me paraît être un axiome. Plaise à Dieu que ce ne soit pas un cercle vicieux ! — Si cruelles que soient les circonstances que nous traversons[1], et qui resteront une des parties les plus sombres et les plus désolées de notre histoire, jamais la république n'avait rencontré une occasion si favorable à son établissement. En 1848, elle avait semblé à beaucoup de bons esprits inutile, inopportune, prématurée. Au mois de septembre 1870, si le parti qui

---

1. Mai 1871.

avait pris le fardeau du pouvoir n'avait pas été
précisément un parti, ce qui l'amenait fatalement
à commettre des fautes irréparables, la république avait de grandes chances de prévaloir, je
ne dis pas comme une forme absolue, définitive,
imposée aux. générations futures, mais comme
une grande et sérieuse tentative de conciliation
et de paix publique. L'accumulation même de nos
infortunes ajoutait des chances à son succès en
décourageant les prétendants. Une situation si triste
suggérait aux bons citoyens le désir de faire cette
fois l'expérimentation décisive de la seule institution qui n'eût pas été mise encore sérieusement
à l'épreuve, et qui peut-être plus heureuse que
toutes les autres, marquerait une ère nouvelle, la
fin de la révolution commencée en 1789, toujours
reprise à divers intervalles et continuée jusqu'à
nos jours. Après quatre ou cinq restaurations plus
ou moins éphémères de tous les principes monar-
chiques connus, tous écroulés successivement
dans l'espace d'une génération à laquelle aucun
n'a eu la force de survivre, à ce moment de crise
suprême et sous le coup des désastres sans nom
qui nous accablent, quand tout est renversé, sauf
l'image ensanglantée de la patrie, la république
pouvait être, elle pourrait être encore la garantie
de la dignité pour chacun, le salut de tous. En s'y
prenant bien, simplement et honnêtement, on aurait persuadé sans peine au pays, seul juge après
tout et seul maître, qu'elle était visiblement dans

l'ordre de ses intérêts, de ses convenances, au lendemain des grandes catastrophes, et quand l'accord semblait impossible sous un autre nom que celui-là. Elle se fût acclimatée parmi nous avec moins de résistance qu'on ne le croit, pourvu qu'elle nous eût offert une tolérance réciproque entre les souvenirs qui nous divisent, un respect mutuel entre tous les citoyens de bonne volonté.

Parmi toutes les institutions, n'était-ce pas la plus large dans le sein de laquelle tous les partis auraient honorablement abdiqué, où se seraient réconciliées sans humiliation les dissensions du passé, toutes celles du moins qui n'étaient que des manières différentes d'aimer la France? Non, ce n'étaient pas seulement les républicains d'origine, de doctrine ou de sentiment qui devaient trouver là le refuge et la consolation de leurs épreuves; c'étaient aussi les partisans du principe monarchique, fatigués de ces espoirs sans issue et de ces recommencements sans fin. C'était surtout cette multitude très-considérable et très-digne de respect, quoi qu'on en dise, des hommes d'ordre et de travail qui soutenaient le dernier gouvernement par cette unique raison qu'il était un gouvernement, et qu'il en faut un au commerce, au travail et à l'industrie. A côté, mais en dehors d'eux, s'était formé un autre groupe fort nombreux dans ces dernières années, celui des conservateurs libéraux qui reléguaient au second plan la question de la forme du gouvernement, uniquement appliqués à la réforme de ce qui existait, attentifs à cette parole de bon conseil d'un philosophe célèbre : « qu'il y a toujours profit à faire l'économie d'une révolution. » Ceux qui, à tort ou à raison, avaient conçu cet espoir, croyant à la loyauté des intentions et à la bonne volonté des hommes de qui il eût dépendu de fonder l'empire libéral, étrangers d'ailleurs au conseil et à l'action, et par conséquent à toute responsabilité dans l'origine de ce pouvoir et dans la politique qui en a marqué le terme, ceux-là avaient bien le droit de répudier toute connivence dans des projets de restauration et surtout dans de coupables intrigues. Enfin les sectes extrêmes elles-mêmes, les socialistes, je parle de ceux qui sont sincères et qui ne font pas de leur doctrine la parure et le prétexte du désordre, auraient trouvé dans un gouvernement de libre discussion et de progrès ouvert des conditions favorables à leur propagande pacifique, la seule sur laquelle ils aient le droit de compter. Dans cette énumération des groupes divers de l'opinion publique, n'ai-je pas compris à peu près tout le monde ? La France n'est-elle pas là, sauf les fanatiques et les intrigants ? Or la vraie France, le pays dans ses éléments sérieux, n'avait aucune répugnance pour cette forme d'institution, pourvu qu'elle fût hospitalière et protectectrice pour tous. La république était pour tous les partis le plus honorable asile, à la condition de n'être pas elle-même un parti.

Outre les raisons de circonstance qui, dans cette crise suprême, militaient en faveur de la république, il y a tout un ordre de considérations liées au mouvement général des esprits qui recommandent cette forme de gouvernement comme plus capable qu'aucune autre de s'ajuster aux conditions de la société nouvelle, telle que l'a faite la démocratie. Parmi ces conditions, j'en distingue deux spécialement : le suffrage universel et la liberté presque absolue de la presse, qui sont aussi difficiles à modifier qu'à supporter pour une monarchie. Quelque jugement que l'on porte d'ailleurs sur ces deux formes de la liberté, ou, si l'on aime mieux, du libéralisme moderne, un gouvernement est tenu de s'en accommoder et de vivre avec elles, ce qui n'est pas facile, j'en conviens. Aussi longtemps que cela lui fut possible, la dernière monarchie avait tenté de maîtriser la presse par le régime administratif, le suffrage universel par les candidatures officielles. Quand les circonstances devinrent pressantes et les exigences de l'opinion impérieuses, lorsqu'il fut évident que la tutelle de la presse et du suffrage allait être ravie au pouvoir, il se vit perdu, et l'on a pu croire que la guerre était pour lui un coup de désespoir.— Cette dynastie a disparu ; mais toute monarchie, quels que soient son origine et son nom, se trouvera fatalement aux prises avec la même difficulté. Il faudra qu'elle vive avec le suffrage universel et la liberté de la presse, ou qu'elle périsse par eux. Or

je ne comprends guère qu'une monarchie, c'est-
à-dire une personnalité, puisse subsister moralement au delà de quelques années (la lune de miel
des dynasties), qu'elle puisse garder ce qui lui est
nécessaire de son prestige aux yeux du pays sous
ce double assaut, l'un quotidien, celui de la presse
opposante à tous les degrés, de la discussion perpétuelle, de la malveillance systématique et du
dénigrement passionné, — l'autre périodique, celui
du suffrage universel, destiné par sa mobilité
même à se tourner tôt ou tard contre un pouvoir
qui, à tous les autres griefs relevés amèrement par
les partis, aura joint le plus impardonnable grief,
celui d'avoir duré longtemps. La stabilité d'une
monarchie paraît chose incompatible avec ces pro-
digieuses fluctuations de l'opinion devenue souveraine et irresponsable.

Que fera-t-on pour parer à ce péril certain ?
Proposera-t-on de restreindre le suffrage universel ? Plusieurs y pensent ; qui osera le faire ? A
une pareille tentative, la république de 1849 a
succombé. Prétendra-t-on le diriger ? On revient
par là aux candidatures officielles, dont on a vu
le résultat. Quant à la presse, c'est devenu un
principe indiscutable pour la démocratie de lui
laisser une liberté sans limites à peine tempérée
par le jury, qui n'est lui-même qu'une forme
très-libre et très-mobile de l'opinion publique.
Que cela soit un bien ou un mal, là n'est pas la
question ; ce n'est pas une thèse que je discute,

c'est un fait que je constate, et qui s'impose. Eh
bien! que l'on essaye donc de faire vivre une
monarchie entre ce double courant du suffrage universel et de la presse libre! Oui, elle pourra se maintenir quelque temps, s'il arrive que ces deux courants se portent en sens contraire, elle leur devra
alors son équilibre; mais quel équilibre instable! Il
arrivera fatalement un jour où ces deux courants
se joindront avec une force irrésistible, et fatale-
lement aussi ce jour-là la monarchie, si légitime,
si indiscutable qu'elle soit dans ses origines, sera
emportée comme une paille par le torrent. Seule,
la république, par sa nature même, par la souplesse de ses ressorts et le jeu de toute sa machine,
peut résister à de si terribles assauts. Le renouvellement périodique des chambres et des pouvoirs
doit, théoriquement au moins, suffire et pourvoir
à toutes les exigences, même contradictoires, de
l'opinion. Il est vrai que la réalité diffère sensiblement de la théorie dans un pays comme le nôtre
où les mœurs politiques ne sont pas même ébau-
chées, où des minorités passionnées se refusent à
subir la loi des majorités, et répondent par des
coups de fusil aux scrutins qui les condamnent.
Même dans ce cas, la république a un triste mais
sérieux avantage sur les monarchies. Quand elle
se défend, tout le monde sent d'un sûr instinct
que c'est la société elle-même qui se défend directement et sans intermédiaire. Elle seule peut sans
scrupule imposer par la force l'ordre légal, c'est-à-

dire le respect des majorités. Avec une monarchie, tout devient difficile. Si elle ne mesure pas ses coups avec une circonspection extrême, elle se perd infailliblement. L'opinion s'irrite bientôt de voir la cause dynastique, c'est-à-dire une cause personnelle, mêlée à des répressions sanglantes. Si la monarchie se défend faiblement, elle se perd d'une autre façon; l'émeute la déborde. Seul, un pouvoir anonyme, expression directe et indéfiniment renouvelable du pays, peut et doit avoir cette salutaire audace de défendre l'ordre à tout prix.

Pour toutes ces raisons, j'estime que la république avait les plus grandes chances, les plus sérieuses en sa faveur. Je connais la grande objection, la seule. Elle a été renouvelée dans ces dernières années avec une précision singulière et cet air de grandeur que M. Cousin imprimait à toutes les idées dans une page trop oubliée, et que je suis heureux de remettre en lumière. On y verra l'empreinte vivante de cette sollicitude patriotique avec laquelle il suivait les destinées de la France dans le passé et par l'induction dans l'avenir, mêlant son âme à celle de son pays dans ses fortunes diverses, dans le labeur incessant de ses agitations, dans les crises orageuses de sa rénovation politique et sociale. « Il ne faut pas trop nous émouvoir de ces crises, nous disait-il dans ses conversations illuminées de raison et parfois presque prophétiques qui étaient l'éclatant commentaire ou la préparation de ses écrits, il ne faut surtout jamais désespérer de la fortune de la France ; mais pour y travailler utilement il faut tâcher de voir clair dans ses aptitudes et s'appliquer à discerner sa vraie destinée des destinées artificielles que les partis prétendent lui imposer. » Et c'est ainsi que nous vîmes naître, au milieu de ces entretiens dont la familiarité n'excluait pas la plus haute éloquence, cette belle page, insérée dans une de ses dernières publications : « Nulle part, la liberté politique n'a été l'œuvre d'un jour. L'Angleterre n'y est arrivée qu'après un demi-siècle d'agitations effroyables et à travers les révolutions les plus contraires. Eh bien ! la France en est encore là. Ainsi que l'Angleterre, elle a tour à tour conquis, possédé, perdu la liberté, et le faîte du majestueux édifice de la société française n'est point achevé. Selon nous, la première, l'impérieuse condition du succès, ici comme en tout le reste, est de rejeter enfin toute imitation étrangère, soit de l'antiquité, fort belle assurément, mais qui n'a rien à voir avec le monde moderne, soit même de l'Angleterre, qui a son génie à part qu'elle a gravé dans ses institutions, et dont l'ardent et profond patriotisme devrait bien avertir et animer le nôtre, soit surtout de l'Amérique, qui, éclose hier au bord de l'Océan, dispersée en d'immenses déserts, ne sachant pas où elle va, s'abandonne à ses instincts aventureux, et se joue encore impunément du temps et de l'espace. Nous, vieille nation rajeunie et retrempée par la révolution française, entourés de toutes parts de puissants voisins qui nous admirent, nous redoutent et nous surveillent, nous avons une situation et par conséquent une destinée particulière ; il nous faut donc rechercher de sang-froid le régime politique que réclament et comportent nos vrais besoins, notre propre caractère, nos qualités et nos défauts, le génie de notre race tel qu'il reluit dans notre histoire. Or cette histoire, sérieusement interrogée, nous apprend que notre pays est à la fois profondément monarchique et profondément libéral. La France est libérale jusqu'à la démocratie ; elle n'est pas le moins du monde républicaine. La république n'est ni dans notre situation géographique, ni dans nos instincts, ni dans nos mœurs. Aussi elle n'a jamais été et ne peut jamais être chez nous qu'une crise violente et passagère qui amène inévitablement à sa suite l'anarchie et la tyrannie. Elle n'alarme pas seulement ce qu'on nomme les classes supérieures ; elle épouvante encore plus peut-être toute cette immense bourgeoisie, si honnête, si laborieuse, si intelligente, que des insensés calomnient, et qui est encore la plus grande force de l'État[1]. »

Voilà l'objection dans toute sa force. La France, nous dit-on, interrogée dans son histoire, étudiée dans ses vrais besoins, son propre caractère, ses défauts, le génie de sa race, répond qu'elle est

---

1. *La Société française au* xixe *siècle. Avant-propos.*

essentiellement et par tempérament monarchique.
— Ce genre d'arguments me laisse, je l'avoue, en
défiance. Je dirais aussi justement en étudiant l'histoire des quatre-vingts dernières années : « la
France a le tempérament révolutionnaire. » Les
deux propositions contiennent, bien qu'étant contraires, une part égale de vérité. On disait du
gouvernement de la France au dernier siècle que
c'était une monarchie absolue tempérée par des
chansons. Notre histoire du xixᵉ siècle semble être
celle d'une monarchie intermittente tempérée par
des révolutions. Au vrai, toutes ces formules sont
plutôt des propositions oratoires que des raisons
philosophiques. Ce genre d'explications n'explique
pas grand'chose. Qu'il y ait un tempérament dans
les nations comme dans les individus, je ne le nie
pas ; mais que ce tempérament les condamne de
toute éternité à telle ou telle forme de gouvernement, voilà ce qui m'étonne, surtout lorsqu'il
s'agit d'institutions analogues malgré la différence
des noms, telles que seraient la monarchie constitutionnelle et la république parlementaire. J'ad-
mets encore moins que ce tempérament ne puisse
être profondément modifié par un certain ensemble
d'idées, d'actes, de sentiments, par un progrès
général de la civilisation et des mœurs, dont peuvent résulter des instincts politiques entièrement
nouveaux dans une nation. De même que dans
l'individu le tempérament donné par la nature est
comme la matière sur laquelle travaille la liberté,

et qu'elle doit façonner à l'image de la volonté, de même dans les races supérieures qui se sont élevées jusqu'à la conception d'un certain idéal politique, l'élément de la fatalité que chaque race apporte avec elle est indéfiniment modifiable sous l'empreinte de l'élément moral, qui s'en empare et le transforme. Or cet élément moral dans une nation, c'est la réflexion, la sagesse, l'expérience; d'un mot, ce sont les mœurs politiques, qui sont non pas uniquement le fruit de ses instincts, mais aussi le résultat de la volonté nationale s'exerçant à se perfectionner elle-même, et méritant par ses efforts un progrès dans sa destinée.

D'ailleurs, quand on parle des aptitudes et des instincts politiques de la France, on a tort de parler d'elle comme d'une individualité unique ayant une essence propre et nettement définie. Dans le fait, il y a bien des populations diverses en France, et qui diffèrent jusqu'à l'opposition la plus marquée par les intérêts, par les goûts, par l'éducation, par les degrés de civilisation auxquels chacune d'elles a pu atteindre. Ces populations, mêlées dans le grand courant de la vie nationale, ne s'y confondent jamais, et, au moindre choc qui en trouble le cours, elles se séparent violemment, montrant la diversité de leurs nuances, de leurs tendances, l'une se précipitant en avant comme un flot d'orage, l'autre refluant vers sa source comme par un secret effroi des abîmes. Qu'y a-t-il donc au fond de ce tempérament monarchique de la France dont il a été si souvent parlé et si éloquemment? Un amour passionné de l'ordre. Qu'y a-t-il encore au fond de ce tempérament révolutionnaire qu'on pourrait, non sans raison, imputer à la même nation? Un amour chimérique de la liberté absolue, compliqué de ce besoin de logique à outrance qui est le péril du caractère français. A peine est-il besoin de dire que ces deux tendances, qui coexistent dans la race et se développent à travers notre histoire, appartiennent à deux parties différentes de la même nation. Or c'est dans la lutte de ces deux tempéraments contraires, ou plutôt des deux parties de la nation qui les représentent, que je trouve l'explication de l'histoire de France depuis près d'un siècle, selon que prévaut l'une ou l'autre de ces deux populations mêlées sous l'apparence du même peuple. Dans cette période agitée de notre histoire, chacune a triomphé à son tour; mais il a été dans la destinée de chacune que son triomphe l'a épuisée en exagérant son principe. L'une, la monarchique, affamée d'ordre, se repose quand elle en a conquis les conditions apparentes, confondant trop facilement l'ordre matériel, celui des rues, avec l'ordre moral, celui des esprits, qui est la plus sûre garantie de l'autre, mais qui est aussi d'une conquête plus difficile et d'un prix plus haut. Grâce à ce malentendu, qui s'est souvent répété, une fausse sécurité s'établit; l'oubli du péril passé arrive vite. Après qu'on a pourvu le gouvernement de canons et de soldats, on se repose sur sa force, l'exagérant même par l'opinion que l'on s'en fait, au point que l'on ne redoute pas, sous prétexte de l'avertir, les occasions de lui faire échec, jusqu'au moment où l'on s'aperçoit qu'il n'est plus garanti que par l'indifférence publique, et que le moindre choc suffira pour le jeter à terre. — L'autre partie de la nation, plus révolutionnaire que vraiment libérale, bien qu'elle prenne souvent ce nom, profite de ce désaccord croissant entre les classes conservatrices et le pouvoir; elle agite les esprits, prépare les révolutions par l'opinion avant de les tenter par la force, tirant avantage de toutes les fautes de la monarchie, de ses excès de pouvoir ou de ses défaillances, irritant les esprits avant de les ameuter; mais elle-même, cette partie remuante et impétueuse de la nation, se laisse emporter par les exagérés, qui appliquent à la politique, le monde du relatif, la logique absurde de l'absolu, servie par la passion. La violence des passions au service d'une logique outrée, n'est-ce pas le caractère et la marque de l'esprit révolutionnaire? Dès lors, le mouvement est lancé; il ne s'arrêtera plus à telle limite que voudrait en vain lui marquer l'agitation libérale débordée de toutes parts : partout où se dresse un obstacle, il est supprimé de vive force. La révolution règne enfin grâce à l'énergie de quelques sectaires. La mollesse des uns, la complicité passive des autres, les ont laissés maîtres du terrain ; mais ils vont bientôt trouver dans leur victoire sans frein leur ruine et leur châtiment. La série des excès auxquels ce parti semble fatalement condamné tire de leur torpeur les instincts conservateurs endormis ou désarmés. L'excès de la peur rend courage aux plus timides. La minorité violente rentre dans l'ombre avec ses chefs discrédités, avec son mot d'ordre, qui a perdu sa valeur magique, et son drapeau sinistre, qui n'a jamais été que celui d'une sanglante et dérisoire fraternité. Et ainsi recommence à chaque génération, ou peu s'en faut, l'histoire de notre pauvre pays. « Heureusement, disait lord Brougham, que la France fait une révolution tous les quinze ans ; sans cela elle serait la première nation du monde. » La joie de l'étranger devrait être la leçon de la France.

Ce que l'on appelle le tempérament monarchique du pays n'est pas autre chose que l'instinct de la conservation sociale exaspéré par des surprises et des terreurs trop souvent renouvelées. Ce n'est, à dire vrai, que l'amour violent et le besoin de l'ordre, nécessaire au développement de son travail, à sa vie même, qui ne peut être chaque jour suspendue violemment ou remise en question. La preuve en est que le choix de la monarchie est indifférent à l'immense majorité des classes conservatrices. Elles appuient successivement, avec le même zèle, les monarchies d'origine et d'ordre différents, bien moins soucieuses du titre auquel le pouvoir s'exerce que des chances de stabilité que lui offre ce pouvoir, bien plus ardentes à en soutenir la réalité efficace qu'à en maintenir la légitimité platonique. Or on ne peut pas dire qu'un peuple soit de tempérament monarchique quand la religion dynastique n'existe plus chez lui. Qu'une bonne fois la république sache être modérée, patiente, pacifique, qu'elle sache ne pas effrayer les parties simples et laborieuses de la nation, on verra comme elle pousserait facilement et profondément ses racines dans le sol bouleversé de la vieille France. Par malheur, quand elle aurait tout à gagner à la persuasion, elle a l'air de ne compter que sur la force. C'est ce qui est arrivé cette fois encore, et on serait mal venu à le nier. Les événements de cette dernière année ont été pour chacun de nous une rude école de politique expérimentale. Après la chute de l'empire, la république était possible, je dirai plus, elle devenait probable. Elle était comme portée par la situation. Pour la faire accepter par tous les partis, il n'y avait qu'à ne point les effaroucher par l'annonce des revendications ou des représailles. Par un prodige de modération qui n'était guère, il est vrai, dans les instincts des triomphateurs, il fallait proclamer, et mieux encore, démontrer par des faits que la république est par essence un gouvernement de légalité absolue, de liberté garantie et de raison publique. On ne lui demandait que de faire la preuve qu'elle n'était pas incompatible avec l'ordre, et qu'elle était capable de stabilité. Encore une fois, dans une crise pareille, qui se serait refusé à un essai si légitime?

Qui donc n'aurait fait avec résignation, sinon avec joie, le sacrifice de ses idées particulières et de ses prédilections? A qui la faute, si un tel idéal n'a pas réconcilié tous les partis sur ce terrain d'expérimentation complétement libre? A qui, sinon aux républicains de profession, à ceux qui constituent entre eux je ne sais quelle caste fermée ou quelle dynastie inviolable, s'imaginan naïvement que la république est à eux, rien qu'à eux, leur chose, leur bien propre? Ne les a-t-on pas vus s'en emparer cette fois encore avec une avidité jalouse comme d'un patrimoine, l'exploiter au profit de leurs ambitions, de leurs systèmes, pis que cela, au profit de leurs vanités ou de leurs rancunes, prétendant se l'approprier, comme si le pays, en recevant le bienfait de la république, devait être trop heureux d'accepter en même temps pour ses maîtres ces incapables ou ces déclamateurs, tous ceux-là pour qui, selon le mot attribué à l'un d'eux, la république est plus qu'une conviction, « une carrière »? Qu'ils ne s'en prennent qu'à eux, à leur étroitesse d'esprit, à leur impéritie ou à leur intolérance (ils ont le choix), si par malheur il arrivait cette fois encore que l'expérience fût ajournée, et que cette noble république, qui devait être l'œuvre commune et le bien de tous, un gage de conciliation et de paix entre tous les partis, ne fût qu'un gouvernement transitoire, une liquidation du passé, quelque chose comme le syndicat d'une immense faillite, au lieu d'être l'expression sincère et définitive des intérêts et des convenances du pays. Qui ne voit que ce serait la faute de ce parti, si la France, surmenée par ces expériences désastreuses, allait demander un abri à la monarchie constitutionnelle? Après tout, elle ne veut pas périr pour la gloire d'un principe contestable et pour le plaisir d'une secte qui prétend s'emparer d'elle à perpétuité.

II.

Quand je parle ainsi du parti républicain, je désire qu'on m'entende bien. Je ne confonds pas les républicains de conviction avec les républicains de profession. Je range à part avec un respect sincère ceux qui ne placent pas la forme de leur prédilection au-dessus de la souveraineté du peuple, et n'ont jamais, dans le cours d'une longue vie dévouée à la même idée, prétendu faire violence à la nation. Ceux-là, s'ils étaient les plus nombreux et les plus forts, réussiraient, je n'en doute pas, à faire l'éducation politique et à former les mœurs viriles d'une France vraiment démocratique. Les républicains que je combats sont ceux pour qui la république est un idéal tellement tyrannique, qu'ils prétendent l'imposer de gré ou de force à la nation, et si intimement mêlé et confondu avec leur propre personnalité, qu'ils ne savent plus l'en distinguer, et se refusent à croire qu'il puisse être réalisé par d'autres que par eux-mêmes. A ce double signe, vous les reconnaissez, vous les avez déjà nommés.

A de rares exceptions près, c'est ce parti qui s'est emparé de la France le 4 septembre, et qui n'a rien négligé pendant six mois pour lui faire perdre le peu de goût qu'elle avait pour la république. Ce qui a toujours compromis cette forme de gouvernement auprès de beaucoup de bons esprits, c'est qu'on l'a toujours confondue, ou, pour parler plus exactement, qu'elle a paru se confondre elle-même avec la révolution, dont elle devrait être par essence la négation. Elle devrait fermer l'ère des grandes crises sociales, puisqu'elle est théoriquement le gouvernement du pays par lui-même; il semble au contraire qu'elle soit destinée à rouvrir cette ère violente, qui ne se ferme plus pendant tout le temps qu'elle règne. Par une véritable fatalité, son origine et ses procédés de gouvernement ont toujours offert un mélange d'arbitraire et de force, une alternative de faiblesse et de violence, qui ont discrédité ses pratiques malgré l'excellence théorique de l'institution. Chaque fois qu'elle a essayé de revivre parmi nous, c'est par

des coups de force ou de surprise qui ont enlevé
au pays le mérite d'une adhésion spontanée et
même le goût d'y adhérer. En même temps, issue
de la révolution, elle est impuissante à la dominer.
Œuvre et produit de mouvements populaires sans
règle, elle ne saurait leur en imposer. Donc, par
une autre fatalité qui est la conséquence de la
première, il arrive que la république ouvre des
périodes plus ou moins longues de désordre et
d'anarchie, provoquant des réactions implacables
ou des imitations funestes. On ne joue pas avec
la révolution. Elle a quelque chose en elle de la
 orce irrésistible d'un élément qui, à certains
moments, domine et submerge toutes les forces
morales, écrase toutes les volontés, détruit tous
les obstacles qu'élève contre elle la prudence humaine.

En 1870, comme en 1848, le péché originel de
la république a été la surprise imposée au pays.
Son malheur est d'être née du fait le plus grave
qui puisse déconcerter la moralité d'un peuple :
la violation d'une assemblée. C'était la tache indé-
lébile de l'empire, tache que plusieurs scrutins
populaires n'ont pu effacer, une tache que la
gloire même, mieux que cela, le bonheur de la
France n'aurait pu jamais laver entièrement, et
qui reparut avec une intensité effrayante dans nos
désastres; mais on ne pourra jamais convaincre
le pays que l'immoralité du coup d'État ait créé
par contre-coup la moralité du 4 septembre. On

ne peut échapper à cette comparaison qu'à la condition de plaider la thèse des moyens justifiés par la fin. C'est une thèse bien chère à une certaine école républicaine, mais en même temps bien compromettante, et qui se prête aux interprétations des plus contraires. Le premier élément des mœurs politiques devrait être l'inviolabilité des assemblées passée à l'état de dogme. Hors de cette règle, il n'y a que pur empirisme, succession d'expédients qui se détruisent les uns les autres, et parmi lesquels la probité des hommes et la moralité du pays courent d'effrayants hasards. Tant que le respect absolu de la représentation nationale n'est pas entré sous forme d'habitude, d'instinct même, dans l'âme d'un peuple, son éducation politique n'est pas même commencée.

Et qu'on n'aille pas dire qu'à cette règle il y a des exceptions, que la dernière chambre de l'empire était discréditée par des connivences et des faiblesses inouïes, entachée par des excès de candidatures officielles, condamnée enfin par cette complicité d'optimisme avec le gouvernement qui avait troublé à la fois son sens politique et son sens moral. Quand tout cela serait vrai, quels que fussent les fautes de cette assemblée et ses vices d'origine, ils ne conféraient aucun droit sur elle aux hommes du 4 septembre, qui n'étaient rien que par elle. En dehors, ils étaient de simples citoyens sans mandat. On plaide en leur faveur les circonstances atténuantes en disant qu'eux au moins ils tenaient leur délégation d'un vote libre. Étaient-ils les seuls? Plusieurs députés de la gauche, tout le centre gauche, bien d'autres qui ne se sont pas associés à ce coup de force, n'étaient-ils pas dans le même cas? n'étaient-ils pas arrivés à la chambre dans les mêmes conditions d'indépendance et de dignité? Comment osait-on, par un appel direct à l'émeute, les jeter tous violemment et pêle-mêle hors de la vie politique, au lieu de les associer à l'inauguration d'un pouvoir nouveau qui eût pu devenir l'expression véritable des besoins du pays? D'ailleurs il est bien dangereux d'entrer dans la voie des exceptions. Chaque révolution nouvelle plaidera la sienne. Hélas! les prétextes ne manquent jamais pour jeter une assemblée à la porte ou par la fenêtre. Disons-le avec tristesse: ces *défénestrations* de Paris ou de Saint-Cloud ont toujours chance d'être populaires. Le 18 brumaire invoquait la nécessité de rétablir l'ordre; le 24 février, la réforme électorale; le 15 mai, la nécessité d'arrêter la réaction; le 2 décembre, l'injure faite au peuple par la loi du 31 mai. Le 4 septembre arguait, pour excuser la violence faite à l'assemblée, du système des candidatures officielles, qui avait faussé son origine, et de sa complicité dans la déclaration d'une guerre déplorable; mais en voici une, la dernière, élue dans des circonstances extrêmes de salut public qui lui confèrent, à ce qu'il semble, une absolue et indiscutable souveraineté. Qui oserait élever contre elle un doute, une objection, une prétention? Détrompez-vous. Elle est à peine réunie, que déjà (dès le 19 février) M. Ledru-Rollin adresse au président sa démission motivée sur je ne sais combien de cas d'indignité soulevés contre elle. L'émeute du 18 mars, réalisant le testament politique de M. Ledru-Rollin, plaidera contre l'assemblée de Versailles le grief de réaction et de complot monarchique. On n'entend pas assimiler complétement tous ces faits; on les rapproche, et ces rapprochements ne seront pas sans signification; une triste moralité s'en dégage.

Quélque juste réaction de colère qu'aient encourue le régime qui nous avait lancés dans de pareilles catastrophes et la majorité de l'assemblée, qui, responsable de la fortune de la France, l'avait jetée aux abîmes, l'histoire établira que le 4 septembre il y avait d'autres voies à suivre et d'autres exemples à donner au peuple. Admettons même qu'il eût été impossible devant l'émotion publique de prolonger d'un jour l'existence de l'empire, bien qu'il eût été habile au parti républicain de laisser à l'empereur le soin de terminer cette triste guerre et de ne pas lui disputer follement, de ne pas lui ravir de force, avec le pouvoir, l'écrasante responsabilité des événements qui allaient suivre, en aggravant considérablement les misères et les ruines du pays. Je sais bien qu'il arrive un jour, dans un pays qui n'a plus d'instinct ni de mœurs politiques, où le flot de l'opinion, sou-

levé par les événements, est irrésistible, et ce jour-
là peut-être le 4 septembre, aucune force humaine
ne pouvait l'arrêter; mais on pouvait, avec de la droiture et quelque désintéressement, le diriger et le
contenir dans certaines limites. On pouvait ne pas
tout livrer, Paris et la France, à quelques bataillons
des faubourgs convoqués dès la veille pour cette
grande journée. Comment des hommes qui avaient
passé vingt ans de leur vie à plaider les grandes
causes du droit et de la morale politique, qui
n'avaient jamais pu désarmer leur colère, vengeresse du coup d'État, devant les verdicts d'amnistie rendus par le suffrage universel, ni même (les
sources du suffrage étant suspectes) devant l'adhésion incontestable de la majorité du pays, comment
ces grands agitateurs de la conscience publique,
qu'ils ne cessaient d'émouvoir par le spectre du
2 décembre, osèrent-ils prendre devant le pays,
juge et témoin de leurs protestations et de leurs
combats, la responsabilité de ce fait si grave, l'ex-
pulsion d'une assemblée par un tumulte populaire
que quelques-uns d'entre eux avaient préparé, qu'ils
soulevèrent à l'heure dite, qu'ils guidèrent à travers un apparent désordre, avec un plan et une
logique concertée, vers un but marqué d'avance?
Ils savaient bien pourtant qu'il y avait moyen de
faire autrement et de rendre le pays à lui-même,
à lui seul. La voie était ouverte, on a refusé d'y
entrer. Ces choses-là sont trop oubliées; elles se
sont perdues dans le bruit et la confusion des évé-

nements. Il faut néanmoins que l'histoire se fasse, et elle se fera. On y apprendra qu'une journée révolutionnaire n'est jamais l'explosion spontanée des sentiments ou des passions populaires, qu'elle n'est que le résultat d'une conspiration qui met en jeu dans un moment opportun ces sentiments ou ces passions. Le peuple s'agite; deux ou trois habiles le mènent. Le salut du pays, le 4 septembre, la seule chance de son salut, en admettant l'hypothèse extrême d'une révolution, se trouvait dans une proposition adoptée déjà par la commission, moralement souscrite par tous les partis, qui demandait à la chambre, vu les circonstances, de nommer un gouvernement de défense nationale. On donnait ainsi à l'opinion surexcitée une satisfaction légitime, je dirai presque légale, sans laisser le champ libre à l'émeute. Cette satisfaction était accordée par un dernier vote, — vote inévitable de la chambre qui prononçait sa propre abdication, en faisant un appel immédiat au pays, au lieu de se faire signifier brutalement son congé par la foule. C'était, en tout cas, une révolution parlementaire, au lieu d'être une émeute dans la rue. Que l'on ne réponde pas qu'il était trop tard. La commission était prête à faire son rapport avant que la chambre ne fût envahie sur le signal de quelques-uns de ses membres, pressés d'en finir. Il dépendait de ces meneurs du tumulte d'en suspendre un instant l'invasion. A coup sûr, il dépendait des triomphateurs de cette journée de se réunir à leurs col-

lègues quand le flot de l'invasion fut passé, au
lieu de se laisser porter, dans la plus triste des-
ovations, à l'Hôtel de ville, d'où la même populace qui les y portait ce jour-là devait les chasser
quelques semaines après. Pour cela, il ne fallait
qu'un peu de désintéressement ou de courage
moral; on en manqua : « il était trop tard, » dites-
vous, en répétant le mot banal de toutes les révolutions. Oui, trop tard pour ceux qui avaient fait
leur programme d'une journée, et qui voulaient
que ce programme fût rempli.

Combien les résultats eussent été différents dans
le présent et dans l'avenir! Si l'on consulte les
impressions et les souvenirs les plus sincères, il
n'est pas douteux qu'un vote unanime eût délégué
les pleins pouvoirs à M. Thiers, investi par les
événements d'une sorte de magistrature publique
de bon sens et de raison. M. Thiers se serait asso-
cié dans son œuvre quelques-uns des noms choisis
parmi les plus indépendants dans tous les partis
de l'assemblée. On se serait ainsi retrouvé, avec
beaucoup moins de trouble et moins de catastrophes, au point juste où nous a ramenés la
logique des événements, avec cette grande expérience politique pour nous guider à travers nos
désastres, pour nous en épargner quelques-uns
peut-être! Ce genre de révolution aurait obtenu la
confiance du pays, sauf les partis violents, au lieu
de lui imprimer une secousse morale et une terreur dont il n'est pas encore revenu; mais il y

avait des impatients qui avaient préparé l'événement à leur profit, ou pour crier : Vive la république ! Il y avait des défiants qui craignaient que le nom de M. Thiers ne jurât trop avec la forme de leur choix. Insensés qui ne voyaient pas que ce nom était la seule garantie qui pût la faire accepter en ce moment par le pays, ce nom représentant le *maximum* de république qu'il pût supporter. Il ne pouvait être question en tout cas que d'un *intérim* de gouvernement, d'un régime tout provisoire qui devait trouver son dénoûment dans la réunion d'un nouveau parlement immédiatement convoqué.

Nous avons entendu souvent dans les mauvais jours qui suivirent de près, quand déjà ils pliaient sous le poids des plus terribles circonstances, les triomphateurs du 4 septembre se plaindre amèrement de leur fardeau ; mais qui donc, si ce n'est eux-mêmes, les en avait chargés ? — Le peuple, disent-ils. Oui, le peuple spécial amené pour la circonstance, c'est-à-dire encore eux-mêmes et leurs amis. Les hommes d'ordre se soumirent ; il n'y avait pas lieu de discuter devant le péril suprême de la nation, et c'est l'honneur du parti conservateur de n'avoir pas même protesté, de peur de diviser les dernières forces de la patrie. Ce fut un triste spectacle que cette fête au lendemain de Sedan ! Une partie de la population était en délire ; une autre regardait avec stupeur, comme dans un rêve. J'ai vu cette invasion de la chambre, et l'ovation à l'Hôtel de ville, et la prise d'assaut des ministères sans combat; c'était la descente de Belleville sur Paris; j'ai vu cette joie insensée se répandre sur les places et dans les rues, comme si l'on oubliait que la patrie portait au sein une mortelle blessure. De loin et dans la perspective, de pareilles scènes peuvent faire illusion. De près, le détail est navrant, et, si le spectale du 2 décembre avait été démoralisateur, celui de la journée vengeresse du 4 septembre n'était pas fait pour relever le niveau de la moralité publique. Des coups de force du pouvoir aux coups de force de la rue, la différence est nulle. Si quelques-uns des triomphateurs de ce jour ont essayé d'expliquer ou d'éluder plus tard les risques effrayants qu'ils ont ce jour-là fait courir à leur probité parlementaire, plusieurs ne s'en relèveront pas. — Ce fut là le premier malheur de la république de 1870 : son berceau a été une chambre envahie. Elle n'a pas eu d'autre sanction que ce qu'on appelle, dans le droit révolutionnaire, l'acceptation et l'acclamation du peuple.

La révolution du 4 septembre eut d'autres torts bien graves. Du premier coup et avec la plus insigne maladresse, elle s'isola du pays par la nomination de ce singulier gouvernement provisoire qui ne contenait que des noms parisiens, flattant ainsi cette idole de Paris qui croit avoir un droit divin à gouverner la France. Ce fut une faute dont les conséquences ont été incalculables.

Je sais qu'on ne pouvait attendre de résultats bien réguliers de cette délégation des pouvoirs faite tumultueusement par l'acclamation populaire. Parmi les hommes qui régnèrent le soir à l'Hôtel de ville, les uns étaient désignés par l'opinion ou poussés par le zèle d'une coterie que l'on confond volontiers avec le cri de l'opinion ; d'autres, parfaitement obscurs, se glissèrent au pouvoir à la suite des premiers : quelques-uns, estimant qu'ils étaient de droit et de fondation membres de tous les gouvernements provisoires, se désignèrent eux-mêmes avec un empressement qui suppléait à celui du public. Quant à la distribution des portefeuilles qui eut lieu le même soir, il courut dans ce temps-là des légendes qui auraient ranimé la vieille gaieté française, si les circonstances n'avaient pas été si tristes. Le premier résultat de ce gouvernement improvisé, c'était de mécontenter profondément la province, qui y cherchait les noms investis de sa confiance, et qui ne les trouvait pas. En revanche, elle était tenue d'accepter sans récrimination, parmi quelques personnalités justement honorées, le plus singulier mélange de noms, les uns légèrement ridicules, d'autres effrayants, qu'elle ne prononçait qu'avec un sourire ou une sorte de stupeur. Malgré tout, malgré ce grief et bien d'autres, le pays n'avait pas hésité. Il s'était donné sans résistance, avec une docilité sans exemple, à ce gouvernement nouveau, ne demandant qu'à voir se révéler enfin du milieu de tant de ruines quelque autorité décisive d'intelligence et de caractère, une inspiration, une pensée digne de ce qui fut, de ce qui sera encore, s'il plaît à Dieu, la grande nation. Le seul cri du pays, dans la presque unanimité de la population, a été au premier moment le cri de la confiance et du patriotisme. « Qu'ils soient les bienvenus, les hommes qui ont osé prendre le pouvoir, s'ils relèvent la fortune de la France tombée avec son drapeau. Puisqu'ils se sont chargés de cette tâche, c'est sans doute qu'ils se croient en mesure d'y suffire. »

Mais un sort funeste était jeté sur cette journée. Il était écrit que pas une faute ne serait évitée. En se livrant à la révolution et en triomphant par elle, on avait contracté une obligation fatale, celle de faire surtout de la politique, quand il ne devait s'agir que de salut public. La conséquence immédiate de ce pacte fut la proclamation précipitée de cette république qui devait naître tout naturellement du sentiment de la crise et des nécessités politiques, au lieu d'être imposée à la France par l'Hôtel de ville. La première inspiration avait été la bonne, c'était d'être tout simplement un gouvernement de la défense nationale. La seconde fut l'inspiration du parti. On y céda, et dès lors tout fut compromis. Ainsi proclamée, la république était et ne pouvait être que le cri tumultueux d'une minorité. Quel titre cette foule de l'Hôtel de ville avait-elle à décréter la nécessité et l'éternité d'une

institution qui devait sortir du choix libre de la
nation? Ce n'était rien moins que la confiscation
du droit national au nom d'un droit supérieur et
antérieur. Ce que l'on proclamait ainsi, c'était la
république placée en dehors et au-dessus de la
discussion, annoncée un an d'avance par un discours fameux de M. Gambetta comme « la forme
adéquate du suffrage universel, » reconnue tout
récemment encore par M. Louis Blanc et ses sectateurs comme « la forme nécessaire de la souveraineté nationale. » Erreur capitale qui fausse
absolument la doctrine de la souveraineté populaire, mais erreur vivace qui se reproduit pério-
diquement en France, et qui ne peut engendrer
qu'anarchie et confusion en fournissant un prétexte à toutes les usurpations et un mot d'ordre
à tous les attentats! On voit reluire dans les déclarations des républicains sectaires cette systématique intolérance, cet incorrigible orgueil, l'esprit
de la caste avec une imperturbable confiance dans
son infaillibilité. Avec cela, on éloigne bien des
sympathies qui ne demanderaient qu'à venir. On
froisse le pays, qui voudrait être consulté, et qui
peut-être y a quelque droit. Il faut que les républicains en prennent leur parti. La république ne
pourra jamais réussir par la force; imposée au
pays, elle le révolte. Elle n'aura quelque chance
de s'acclimater parmi nous que le jour où elle sera
la forme librement choisie et consentie de la souveraineté nationale. Cette proclamation prématu-

rée enivra de joie la foule; mais elle n'avait pas seulement le tort de nier indirectement le droit du pays, elle eut un autre inconvénient dont on s'aperçut plus tard. Elle fit croire au peuple de Paris, peu formaliste en pareille matière, que la république existait de droit, quand elle n'existait que de fait. Ce fut l'occasion d'un terrible malentendu, lorsque l'assemblée nationale refusa de s'associer à cette déclaration du gouvernement provisoire, et que, sans résoudre la question contre les vœux de Paris, elle prétendit la réserver et rester libre. On sait ce que produisit le mécontentement de la population parisienne, qui ne comprit rien à ces réserves, et quelle part il faut lui attribuer dans l'attitude expectante et inerte prise par une partie de la garde nationale dans la fatale journée du 18 mars. Elle accusait l'assemblée de lui disputer la conquête du 4 septembre, sans s'apercevoir que cette conquête de la république avait été sept mois auparavant la négation pure et simple de la souveraineté nationale au profit de Paris. Entre la république de fait et la république de droit, elle ne put jamais voir la différence : elle fit ou laissa faire une révolution au nom d'un droit qui n'était qu'un fait.

A toutes ces fautes du gouvernement nouveau s'en ajouta une dernière, la plus grave de toutes, celle de vouloir gouverner seul, sous sa propre responsabilité , sans aucune intervention, sans aucun contrôle du pays, aussi longtemps du moins que le soutint à flot l'opinion parisienne. A supposer que l'on fût de bonne foi en se croyant réellement le 4 septembre investi d'un mandat supérieur (populaire ou providentiel, je ne sais), encore fallait-il le régulariser immédiatement en s'en servant pour convoquer une autre assemblée et remettre dans ses mains les pouvoirs que l'on tenait d'un tumulte de la rue. Le fit-on cependant? On avait si sévèrement et si justement incriminé dans la naissance des régimes antérieurs la théorie du fait accompli! Mais la prolongation indéfinie de ce pouvoir, qu'était-ce autre chose, sinon le résultat le plus brutal d'un fait accompli? Ce fait n'était rien que la sympathie momentanée et la complicité fort indocile de cette partie du peuple qui avait acclamé, au 4 septembre, les députés de Paris et qui les insultait quelques jours après. Si le seul titre du pouvoir nouveau était sa popularité du 4 septembre, il faut avouer que ce titre a été bien éphémère, et n'a guère survécu au beau soleil qui a éclairé le berceau de la jeune république. Ah! les acclamations de la rue et du boulevard, on sait maintenant ce qu'elles valent, ce qu'elles coûtent, ce qu'elles durent!

On pouvait encore soulever la France dans un élan de patriotisme en s'adressant directement à elle, en lui remettant à elle-même le soin de ses laborieuses et tragiques destinées. On l'avait promis. On viola cette promesse. Sous quelles influences néfastes, sous quelle action malfaisante, l'histoire le dira. Quelque irrégulières qu'eussent été sur bien des points ces élections improvisées, elles auraient mieux valu qu'une usurpation manifeste et prolongée de tous les pouvoirs vacants. C'est toujours, sous les régimes les plus contraires de nom et d'étiquette, la même défiance à l'égard du pays. Pour le punir de n'être pas aussi républicain que l'Hôtel de ville, on ajourna le vote, qui était la première nécessité et la suprême convenance du gouvernement provisoire, sans prévoir dans quelles circonstances, à quelle date il pourrait être repris et après quelles terribles épreuves. Comme tout cela était en contradiction flagrante avec les déclarations des anciens députés de la gauche! L'un des plus éloquents, dans un discours fort admiré quelques mois auparavant, définissait ainsi ce qu'il appelait l'exercice réel de la souveraineté : « C'est le droit pour la nation d'avoir la direction et le dernier mot dans toutes les affaires qui l'intéressent. Si un pouvoir quelconque peut tenir en échec la volonté du peuple, la souveraineté nationale est violée. Je suppose que le pays veuille la paix, et que le pouvoir exécutif penche au contraire pour la guerre : il faut que le dernier mot dans cette question soit au pouvoir qui représente le pays, c'est-à-dire au pays lui-même, et il faut que sa volonté puisse se manifester directement, ouvertement. Que l'on ne vienne pas dire qu'il a le vote du contingent, le vote du budget pour faire entendre son opinion, cela n'est pas suffisant pour

la vérité du principe. Il faut qu'il ait le dernier
mot, que tout s'incline devant sa volonté ; autrement la souveraineté nationale n'existe pas, et le
peuple est joué. » A relire, à un an de distance,
ce singulier passage d'une application si facile aux
circonstances actuelles, on dirait que quelque
malin génie a soufflé à l'orateur chacun des termes
dont il s'est servi, comme pour nous permettre de
les retourner un jour contre lui et d'en faire son
châtiment. Une fois au pouvoir, nous savons ce
qu'il a fait de ses principes : les plus indulgents
disent qu'il les a oubliés. On a vu dans tout son
éclat le contraste des discours et des actes de l'opposition républicaine, devenue par sa propre élection le gouvernement de la France. C'est un mauvais symptôme pour un pouvoir nouveau de se
défier du pays. C'est en même temps la plus sûre
manière de s'aliéner ses sympathies. Quand on le
consultera plus tard, ce sera trop tard. Le pays
vous répondra : « Vous m'avez joué. »

Ce qu'il fallait faire au lendemain du 4 septembre, on le sait. Il suffisait pour cela d'un éclair de
bon sens et d'une inspiration de patriotisme. Il
fallait convoquer immédiatement l'assemblée nationale de tous les points encore libres du pays : dans
cet instant de crise suprême, quinze jours auraient
suffi pour cela. Cette assemblée, si incomplète
qu'elle eût été, aurait mieux valu qu'une dictature de hasard, proclamée dans la rue. Il fallait
immédiatement transporter le siége du gouverne-

ment et de l'administration en province, au lieu de convocation de l'assemblée, en dehors des atteintes de l'ennemi. Il fallait surtout, en prévision d'un siége inévitable, laisser Paris à son isolement, sous la discipline et sous l'unique responsabilité d'un chef militaire, qui n'aurait pas eu à lutter sans cesse contre le parti de l'émeute en même temps que contre l'ennemi, et qui n'aurait pas succombé sous la complication de deux caractères, de deux autorités contradictoires réunies en sa personne : la première magistrature révolutionnaire d'un pays et la direction d'une armée. Mais pour voir adopter ces mesures si simples d'où aurait pu résulter, sinon le salut, du moins une somme bien moindre de malheurs, il fallait avoir affaire à des patriotes et non à des hommes de parti. Il fallait tout simplement avoir affaire à des hommes d'action et non à des tribuns.

III.

Le lendemain de ce jour de fête où Paris avait célébré avec un enthousiasme quelque peu puéril la proclamation de la république, comme si ce nom magique devait faire tomber les armes des mains de l'ennemi et arrêter les événements, ce lendemain de fête, succédant aux jours les plus tristes de notre histoire militaire, aurait dû être chargé des plus graves soucis pour les hommes politiques qui, eux aussi à leur tour, avaient pris d'un cœur léger de si terribles responsabilités. Il ne fallait pas seulement aviser à l'immensité du péril par des mesures administratives et militaires à la hauteur des événements ; il fallait surtout tâcher de faire comprendre la gravité tragique de la situation à une partie de la population affolée et enivrée qui semblait ne pas s'en douter. Il fallait faire un appel aux passions vraiment nobles du peuple, au lieu de le tromper par ses propres vices, sa jactance et sa crédulité, en exaltant un héroïsme dont il n'avait encore donné aucune preuve et en caressant cette fièvre révolutionnaire dont il est si dangereux d'entretenir les ardeurs malsaines. Tandis que les Prussiens traversaient en masses sombres les plaines dégarnies de la Champagne, ce jour-là qui suivit la proclamation de la république et les jours suivants, à quoi furent-ils consacrés ? A la destruction des insignes de la dynastie déchue, à la liquidation des plus misérables rancunes, au licenciement des sergents de ville. A quoi encore ? A la curée des places, à la nomination des maires provisoires. L'étrange personnel que la république tenait en réserve, et cela dans un moment de désorganisation universelle, un moment unique dans l'histoire ! En même temps débordaient dans les colonnes du *Journal officiel de la république* et sur les murailles de Paris les arrêtés enfantins ou séniles (je ne sais trop) qui débaptisaient les rues, et décidaient des inscriptions démocratiques à graver sur les monuments publics. C'est le premier soin de toute révolution triomphante à Paris de vouloir recommencer l'histoire de France en inscrivant au coin des places et des rues les fragiles annales de son triomphe d'un jour; mais que dire de pareils soucis au lendemain de la plus grande catastrophe de l'histoire moderne, et quand les Prussiens étaient à trente lieues! Ce fut d'ailleurs le seul talent que montra l'édilité parisienne. Prodigieusement incapable en tout, elle excellait en ce genre d'administration. Au lieu d'activer l'approvisionnement de Paris, de pourvoir à l'aménagement de ses ressources et même au rationnement des habitants en prévision d'un long siége, au lieu de travailler efficacement et sans phrases aux besoins infinis de l'assistance publique et de se dévouer à une tâche utile dont le détail eût absorbé de plus grandes intelligences, on rédigeait des bulletins où l'on félicitait Paris de son grand cœur, de sa grande âme, où l'on se congratulait entre maires du progrès des mœurs publiques opéré par quarante-huit heures de liberté, et de la renaissance des vertus républicaines, qui n'avaient plus besoin, comme les vertus équivoques de la monarchie, de l'aide d'une police déshonorée pour fleurir sur l'asphalte parisien. Pendant que ce torrent de déclamations se répandait sur les affiches blanches qui chaque matin couvraient les murs de Paris, la défense militaire s'organisait. Nous n'avons pas ici à juger son œuvre. Hélas! une nation ne trouve pas toujours sous la main, dans ces périls extrêmes, un Masséna! Nous devons nous restreindre à la politique du pouvoir nouveau. Que ne se bornait-il à s'abstenir d'administrer? Mais non! il avait des idées, deux entre autres qui devaient lui survivre, puisqu'elles portaient en elles la fatalité de la guerre civile: l'armement universel et la solde de la garde nationale. Si les gouvernants du 4 septembre ne prévirent pas les effroyables conséquences de ces deux mesures, leur sagacité n'était pas au niveau de leur ambition. Que si, les prévoyant, comme pouvait le faire le plus humble observateur, ils ne s'abstinrent pas devant cette formidable responsabilité, que faut-il penser d'un patriotisme si facilement satisfait d'ajourner l'orage? C'était une politique à courte vue que celle qui se félicitait dans ses proclamations d'avoir fait une révolution sans qu'il en coûtât une goutte de sang. Il importe assez peu que le jour même ou le lendemain d'un grand mouvement populaire le sang ne coule pas, si plus tard, par suite des événements qui se développent, il doit être répandu à flots à travers la cité en ruine. La responsabilité n'en reste pas moins justement attachée à ceux qui ont laissé se développer les causes de conflits, accumulant sans prudence et sans prévision dans un foyer prêt à s'enflammer les matériaux de l'incendie.

Que faisait-on en décrétant l'armement universel? On remplissait Paris de 300,000 soldats improvisés, trop nombreux pour la défense effective, turbulents et oisifs, inutiles en aussi grand nombre derrière des remparts et des forts inexpugnables, mais devenus maîtres de Paris et du gouvernement dès le moment où ils eurent reçu leurs armes. On mettait la défense et la politique à leur discrétion. En faisant cela, je sais bien que nos gouvernants se montraient logiques. Ils obéissaient aux sommations qu'ils avaient adressées eux-mêmes à la dernière administration du pouvoir expirant; comme ils prenaient sa place, il fallait s'exécuter de bonne grâce. C'est là un des tours que jouent les révolutions : elles mettent les gouvernements nouveaux en demeure de remplir le programme des oppositions; puis, comme on se piquait d'avoir des principes, on invoquait un prétendu axiome, qui veut que le suffrage universel ait pour corollaire l'armement universel, et que chaque vote d'électeur ait pour garantie un fusil. Enfin on s'excusait sur les nécessités impérieuses de la situation militaire, qui parlaient plus haut, disait-on, que la prudence politique, et qui exigeaient que, Paris étant une place forte, chaque Parisien, à la veille du siége, devînt un soldat. De ces trois raisons, la première était la seule vraie; c'était, comme il arrive souvent, celle que l'on ne donnait pas. Les deux autres, qu'on donnait ostensiblement, n'étaient que spécieuses, et cachaient, sous une apparence de patriotisme exalté, les plus graves périls follement provoqués et l'occasion de mortelles blessures pour la patrie. Le prétendu principe qui veut que le suffrage universel soit armé ne soutient pas l'examen. C'est une de ces applications de la logique à outrance qui caractérise l'école révolutionnaire. — On nous dit : Chaque électeur doit être armé pour défendre les institutions qu'il s'est données. Nous répondons que le vote suffit pour cela, et qu'il est plus sûr que le fusil. En France surtout, il semble que l'électeur ne soit armé que pour renverser les urnes électorales avec les scrutins qui viennent d'en sortir. La seule manière de faire durer les institutions dans notre malheureux pays, après qu'il les a fondées, c'est de ne pas lui donner la tentation avec le moyen de les détruire. Les minorités sont toujours prêtes à en appeler aux armes des décisions du vote. Voilà notre grande hérésie nationale, et, tant qu'elle durera, l'armement de tous sans discernement, sans garantie, sera la plus meurtrière des utopies. Aussi voyez ce qui arrive : chaque révolution a pour prologue l'armement universel et pour épilogue le désarmement. Si vous réclamez l'application, coûte que coûte, d'un principe fort contestable, au nom d'une logique outrée, au milieu de tant de passions ardentes et au risque de la plus effroyable guerre civile, je vous félicite de votre sang-froid de logicien ; vous n'êtes ni un patriote, ni un politique. D'ailleurs le vote lui-

même implique certaines responsabilités, cer_
taines conditions d'indigénat et d'innocence judi-
ciaire dont il n'a été tenu aucun compte pour la
distribution des armes. On les jetait par brassées
dans certaines mairies où des chefs improvisés les
distribuaient à leur gré. Combien de ces soldats et
de ces chefs eux-mêmes ne figuraient pas sur les
listes électorales, et cela pour de bonnes raisons
que des procès scandaleux révélèrent plus tard!
Le principe même qui prétend armer le suffrage
universel fut audacieusement violé au profit d'aventuriers de tout pays. Ainsi la garde nationale vit
peu à peu s'altérer son véritable caractère; elle fut
envahie par ce personnel de la révolution internationale, qui, une fois armé, nourri, habillé, entretenu par nos soins vigilants, ne voulut plus désarmer. J'arrive enfin à la raison militaire, la
plus mauvaise de toutes. On avait sous les armes
300,000 gardes nationaux; 20,000 à peine eurent
l'occasion de tirer un coup de fusil contre les
Prussiens. Les autres garnissaient les remparts, et
remplissaient les rues de leur turbulente inutilité.
La mesure pratique eût été de faire dès le premier
jour ce qu'on fit aux derniers jours du siége : lever
sous certaines conditions d'âge des bataillons de
marche,.les exercer à fond, les rompre à la discipline, les encadrer dans l'armée active et dans les
régiments de mobiles, qu'ils auraient ranimés de
leur ardent et jeune patriotisme. On vit à Montre-
tout quel parti on aurait pu tirer d'une pareille

milice. On s'en aperçut le jour même où on lui demandait un héroïsme inutile, sans même y croire, par simple formalité, la veille de la capitulation. Tout le reste formait des multitudes indisciplinables où des éléments excellents étaient noyés, qui ne firent qu'embarrasser la défense, et qui plus tard servirent merveilleusement l'insurrection, soit par un concours actif, soit par le concours presque aussi funeste de leur inertie.

Je touche un sujet plus délicat en parlant de la solde; mais ces deux sujets se tiennent : on distribuait des fusils à tous les citoyens pour justifier la solde, on créait la solde pour avoir le droit d'armer tout le monde. Et par là on désorganisait le peu de travail qui restait encore; on vidait les ateliers, on donnait à l'oisiveté l'apparence d'une occupation utile. Je n'ignore pas les terribles circonstances où l'on était réduit : il fallait à tout prix subvenir à l'affreuse misère qui résultait du chômage universel; mais il ne m'est pas démontré que l'on ait pris le bon moyen pour y remédier, et peut-être a-t-on pris le plus mauvais. Qu'on multipliât les allégements de loyer et les secours de toute sorte, que l'on répandît sur la plus vaste échelle l'excellente institution des cantines nationales, que l'on établît par tous les sacrifices possibles la vie à bon marché et même dans la plus large mesure la gratuité de la vie, rien de plus naturel et de plus juste; mais la solde avait le double inconvénient d'être une excuse pour la paresse et de ressembler à un droit. Combien d'ouvriers honnêtes, mais faibles, ont été détournés de la reprise de leurs travaux par cette dangereuse facilité de vivre mal aux dépens de l'État, bien plus mal qu'ils n'eussent vécu de leur travail et bien moins utilement pour la patrie! Sous prétexte de ménager la dignité du peuple souverain, on dissimula sous le nom de solde un subside patriotique et momentané. C'était bien mal comprendre cette dignité et bien peu la ménager. On créait ainsi une sorte de rémunération régulière pour l'accomplissement d'un devoir qui n'a sa signification que s'il est gratuit. On ôtait à ce service sa principale valeur, qui est d'être libéral, en l'assimilant à un service mercenaire; on habituait l'ouvrier à croire qu'il avait assez fait pour la patrie et pour sa famille en se présentant à l'appel de chaque jour pour recevoir ses 30 sous. Ces réunions journalières étaient devenues, après quelques semaines d'un beau zèle inutile, le prétexte de l'oisiveté et de la dissipation, l'occasion des jeux les plus puérils ou des excitations les plus dangereuses sous l'action des mots d'ordre clandestins et dans la main des meneurs. La milice parisienne était devenue insensiblement un vaste atelier de la paresse nationale. Combien ces causes diverses, créées, entretenues par un gouvernement qui se piquait de moralité, aux frais d'une république qui ne se croyait pas si riche, aggravées par les circonstances, la souffrance, le mécontenttement, par la critique universelle qui n'épargnait pas plus le gouvernement nouveau que l'opposition n'avait épargné les gouvernements anciens, combien tout cela contribuait à démoraliser le peuple, on le vit pendant le siége, on l'a senti depuis, on l'éprouvera longtemps. Pour nous en tenir à ce petit fait, si médiocre en apparence, si considérable dans ses conséquences, la conservation de la solde a été un des buts les plus clairs que s'est proposés la dernière insurrection; l'armement universel lui en a fourni les moyens. C'est que l'habitude du travail ne se reprend pas à un signal donné dans une société si profondément désorganisée. Et cette solde, réclamée comme un droit, comme si la province laborieuse avait l'obligation de nourrir l'oisiveté militaire de Paris, cette solde est devenue l'instrument le plus redoutable des agitateurs, le salariat de l'émeute.

Voilà à quels abîmes nous conduisirent fatalement, et pas à pas, les nouveaux chefs qui s'étaient spontanément offerts, imposés à la France. Un homme d'État quelque peu prévoyant, ou moins soucieux de plaire à la multitude, aurait à tout prix éludé ces décisions funestes d'où la guerre civile devait sortir; mais il fallait rester populaire, tout le secret est là. La pierre de touche d'un homme d'État, c'est le courage qu'il a de mettre son opinion en travers de l'opinion instinctive des foules. Si l'on n'a pas dans les grandes occasions l'audace de l'impopularité, on peut être un tribun, même

un orateur, on ne sera jamais un homme politique dans le sens élevé du mot. Le malheur
des hommes qui composaient le gouvernement
du 4 septembre, c'est que tous, plus ou moins,
s'étaient préparés au pouvoir par la recherche
ardente et corruptrice de la popularité. Les thèmes
préférés de leur opposition avaient été presque
constamment ceux que leur dictait la passion de
l'heure actuelle et de la multitude. C'est d'ailleurs
une justice à leur rendre de dire qu'en toute occasion ils avaient flétri avec la verve d'une raison
indignée les ministres du souverain qui le trom-
paient en l'isolant de plus en plus, en le séparant
des vrais courants de l'opinion, du milieu réel des
faits et des hommes; mais eux-mêmes n'avaient-
ils pas été les serviteurs bien empressés, les ministres trop complaisants d'un autre souverain?
N'avaient-ils pas été ses courtisans attitrés, offi-
ciels? n'était-ce pas sur ses mobiles faveurs qu'ils
avaient édifié toute leur fortune politique? Aussi
voyez les conséquences. Les voilà portés au pouvoir par cette fameuse acclamation qui devait plus
tard les renverser, les voilà siégeant à l'Hôtel de
ville, leur capitole d'un jour; on dirait qu'ils ne
s'appartiennent plus : en effet ils appartiennent à
un tyran de qui c'est une rude affaire que de mériter ou de conserver les bonnes grâces. Après
avoir proclamé sans droit la république, que le
peuple de Paris demande, ils ajournent sans droit
les élections, qui semblent lui déplaire. Pendant

tout le temps du siége, ils s'abandonnent passivement avec une sorte d'imprévoyance folle à toutes
les chimères d'un optimisme irréfléchi que leur
bon sens ne partage pas, mais qui flattent l'orgueil du peuple ; ils prolongent son rêve par de
misérables artifices, craignant son réveil, qui
devait être d'autant plus terrible qu'on l'avait
retardé par des expédients. Ils se laissent acculer
de jour en jour, presque d'heure en heure, à l'ex-
trémité la plus désespérée, différant l'aveu qui doit
déplaire au peuple, au risque de subir de la part
de l'ennemi les plus dures conditions. N'avait-on
pas négligé systématiquement toutes les occasions
raisonnables de traiter[1] que n'aurait pas manqué
de provoquer ou de saisir un véritable homme
d'État moins soucieux de l'opinion irresponsable
que de sa propre responsabilité, assez patriote
pour jouer son impopularité momentanée contre
le salut de la France, assez avisé pour réserver les
forces presque intactes du pays et préparer les
revanches de l'avenir? Était-ce bien un gouvernement, cette réunion d'hommes uniquement appliqués à consulter les variations de leur popularité
au thermomètre de l'opinion parisienne? Enfin,

---

1. Au 31 octobre, quand **M.** Thiers le conseillait, ou bien au
3 décembre, après le grand effort de Champigny, comme le voulait le général Ducrot. Ni l'un ni l'autre de ces deux personnages
ne peut être suspect au pays. Mais tous les deux l'étaient au
parti qui s'était emparé de la France et qui aimait mieux tomber avec le pays tout entier que tomber tout seul.

quand tout fut consommé, ce furent des péri-
phrases qui furent chargées de nous annoncer la
ruine de nos espérances. La capitulation la plus
rigoureuse devint sur les affiches blanches « une
honorable convention. »

Ce beau langage trompa pendant quelques jours
le peuple de Paris sur l'étendue de son malheur.
Qu'y gagnait-on que de bercer un instant sa colère?
Puisqu'il avait été impossible de conjurer la catastrophe, il eût été plus noble de l'annoncer avec
cette simplicité d'accent qui convient au courage
sans espoir et au devoir accompli. La périphrase,
qui n'était qu'une faute de goût, fut aggravée par
une faute politique qui devait produire les derniers malheurs. Pour ressaisir un triste regain de
faveur de la part de ce peuple devenu ingrat, on
insista pour obtenir (Dieu sait à quel prix) de la
bienveillance ironique de M. de Bismark le dangereux privilége de laisser à la garde nationale de
Paris ses armes et ses canons. Mais de toutes les
concessions à une mauvaise popularité la plus
grave avait été d'accepter ou de rechercher dès le
commencement je ne sais quelle compromission
avec le parti du désordre, avec ses chefs avérés,
avec ses plus dangereux et ses plus tristes héros[1].
Dès les premiers jours de septembre, on avait

1. Parmi les faits innombrables qui témoignent d'une solidarité secrète, involontaire sans doute, entre le gouvernement du
4 septembre et le personnel de la future commune, on ne peut
passer sous silence l'installation du citoyen Raoul Rigault à la

admis au partage du pouvoir des personnages trop
fameux avec lesquels un gouvernement sensé ne
devait rien avoir de commun. Il est vrai qu'on
avait promis « qu'ils ne seraient pas les moins
sages. » On se vantait à tout propos avec quelque
naïveté de traverser une crise effroyable sans suspendre une seule loi. Il eût été plus juste de dire
qu'on vivait au jour le jour sans en faire respecter
une seule. On avait laissé mettre en liberté, et
dans une liberté triomphale, les assassins de la
Villette et bien d'autres. On tolérait cette honte que
des Eudes et des Mégy fussent placés à la tête de
la garde nationale de certains quartiers. Avec
quelle sollicitude et quelle complaisance, regret-
tées des gens de goût, on avait distribué aux
bataillons des faubourgs suspects des armes per-
fectionnées et des allocutions pompeuses! Avec
quelle solennité on leur avait apporté de l'Hôtel de
ville des drapeaux brodés avec l'or et les phrases
de l'édilité parisienne, — ces mêmes drapeaux
qui à quelque temps de là tombaient honteuse-
ment souillés dans les tranchées de Creteil! Les
agitateurs populaires furent comblés de caresses,
de galons et d'honneurs. Tout cela en vain. Que
serait-il arrivé, grand Dieu! sous ce gouverne-

préfecture de police, en qualité de secrétaire général, dès le
4 septembre au soir. Ce fait si grave a-t-il été, peut-il être
démenti? Et s'il ne l'est pas, que ne peut-on pas en conclure
sur les compromissions que subissent les triomphateurs, les
esclaves de ces mouvements populaires?

ment qui se laissait prendre tout entier d'un coup de filet par l'émeute, si dans ces jours de péril suprême, sous le bruit incessant du canon prussien, les hommes d'ordre ne s'étaient pas levés en masse contre ces séditions toujours renaissantes, et ne les avaient refoulées avec horreur par une réaction du bon sens et de l'indignation publique, qui plus tard par malheur s'abstinrent, et laissèrent le champ libre à la folie et au crime!

Décidément, si l'optimisme officiel ne vaut rien pour former des hommes politiques, d'autre part l'opposition systématique est une mauvaise école de gouvernement. On y a pris des engagements de parti qu'on ne peut plus rompre; on y a soutenu, aux applaudissements d'un public idolâtre, des thèses excessives que l'on ne peut pas, que l'on n'ose pas désavouer quand on passe de la responsabilité légère des discours à celle des actes; on y a contracté des alliances compromettantes avec des passions impossibles à satisfaire, et que l'on ne peut plus rejeter dans l'ombre. Esclaves et dupes à la fois des coalitions qu'ils avaient formées ou subies, les républicains honnêtes, portés au pouvoir, auront senti cette fois encore l'inconvénient qu'il y a à s'appuyer un seul jour sur le parti du désordre, l'impossibilité de s'en séparer ensuite, la difficulté inextricable de vivre avec lui ou sans lui.

Il y avait deux partis à prendre : supprimer cet élément funeste, le réduire dès le premier jour à l'impuissance, ou bien s'en servir pour dominer

le pays en le terrorisant. On était trop faible
pour prendre le premier parti, trop honnête pour
prendre le second : on transigea, et nous vîmes
pendant cinq mois le règne des girondins. Ce système mixte convenait bien d'ailleurs au tempérament professionnel des hommes politiques qui
s'étaient chargés de nos destinées. Il y aurait une
étude curieuse à faire sur le genre d'intelligence
et de caractère que comporte la carrière du barreau. J'excepte, bien entendu, quelques talents
supérieurs qui, par la chaleur et la vigueur de
leur âme, ont pu surmonter les instincts et les
habitudes de la profession. On montrerait sans trop
de peine que la complexion de l'avocat s'accommode mal de connaissances spéciales, précises,
approfondies, et ne s'accommode pas mieux d'un
caractère individuel et bien tranché. Il lui convient d'avoir une certaine étendue d'instruction,
une provision toujours disponible de notions générales propres à s'adapter à tous les sujets, aisées
à convertir en lieux communs oratoires, et qui ne
le gênent pas dans l'à-peu-près perpétuel où se
complaît sa vague éloquence. Ce qui importe surtout, c'est la souplesse d'un caractère pour ainsi
dire artificiel, s'ajustant sans peine à tous les
mouvements d'âme les plus contradictoires qui
peuvent entrer dans les exigences de la profession, calme ou véhément selon la popularité de
la cause ou la faiblesse du juge. A Paris, ce furent
les doux qui régnèrent; en province, ce furent les

violents. On peut dire, sans rien exagérer, que nous avons vu pendant cinq mois toute la variété possible des hommes politiques que peut produire le barreau. Je ne sais quel mauvais plaisant a prétendu que cette invasion des avocats fut la huitième plaie de la république. Il est certain qu'on n'en avait jamais vu un aussi grand nombre émergeant à la fois du Palais de Justice et s'élançant au pouvoir. On a dressé cette statistique impertinente en la poursuivant partout, sur les sommets ou dans les régions moyennes de l'administration nouvelle. Sans parler des grands emplois tenus par les coryphées, combien en a-t-on compté de ces secrétaires du gouvernement, de ces secrétaires de la mairie de Paris, sans parler des secrétaires généraux des ministères! Il y en avait partout, dans les commissions spéciales, et jusque dans la commission des barricades! Assurément ceux qui ont du goût pour la rhétorique n'eurent pas le droit de se plaindre : ce fut le gouvernement de la phrase en permanence. Les avocats au pouvoir ne parlaient pas sans doute tous les jours; mais en revanche combien ils écrivirent, dissertèrent et proclamèrent! Et dans le nombre que de phrases malheureuses échappées à nos gouvernants, qui tous, s'ils n'étaient pas avocats, étaient dignes de l'être! Ce langage sonore et creux avait fini par inspirer un ennui irrésistible au peuple souverain ; c'était un agacement universel : on se rapprochait insensiblement des goûts de la nature,

qui, au dire des savants du moyen âge, a horreur
du vide.

Tandis que ces jeux innocents du barreau en
vacances nous consolaient, bien faiblement, il
est vrai, des rudes épreuves du siége, le procon-
sulat sévissait en province, d'abord sous la forme
doucement plaisante de deux vieillards un peu
démodés à Paris, de qui leurs collègues avaient
pensé sans doute

« Qu'ils étaient assez beaux pour des rois de province, »

puis sous la forme agitée d'un jeune homme remar-
quablement doué pour la tribune, mais d'une pré-
somption égale à ses talents oratoires, d'une
audace sans mesure, à qui les séides étonnants
dont il s'était entouré persuadèrent sans trop de
peine qu'il résumait en sa personne toute la variété possible des aptitudes civiles et militaires,
qu'il savait tout sans avoir rien appris, à la fois
Mirabeau d'instinct et Carnot sans études. Singulière expérience, qui nous a montré une fois
de plus quel trouble d'esprit peut produire la
toute-puissance, et dont la France a été cette fois
encore la dupe un instant et pour longtemps la
victime !

Ainsi, tour à tour faible et violente, transigeant
à Paris avec les chefs du désordre pour obtenir
jour par jour un ordre précaire, se servant d'eux
ailleurs pour dominer le pays, incurablement

méfiante à l'égard du suffrage universel, toujours disposée à l'altérer ou à s'en passer, révolutionnaire en un mot par son origine, son esprit, ses procédés, la république de 1871 inclinait visiblement vers la fin de sa carrière au jacobinisme le plus pur. Il s'en fallut de peu que l'élément faible et modéré, qui se débattait à Paris dans les ruines d'un pouvoir sans prestige, ne fût absorbé par l'élément violent et dictatorial, qui régnait à Bordeaux dans le bruit d'une popularité factice. Les girondins ne durent leur salut qu'au soulèvement moral de la province exaspérée; mais déjà un troisième parti, excité par je ne sais quelle détestable émulation, se levait sur le mont Aventin, à Paris. C'est un parti que je ne pourrais comparer qu'à celui d'Hébert et de Chaumette dans la première révolution, en y ajoutant des éléments modernes empruntés aux sociétés secrètes. On l'a vu triompher à son tour dans cette capitale livrée à toutes les expériences révolutionnaires; on l'a vu siéger, au milieu de l'horreur publique, à l'Hôtel de ville. Il a acquis par ce règne étonnant de quelques semaines le droit d'être compté parmi les variétés du parti républicain, dont il est la sinistre parodie et j'oserai dire le châtiment. Le 18 mars est-il autre chose en effet que la caricature sanglante de toutes les journées révolutionnaires de Paris, et particulièrement du 4 septembre? Chaque révolution a son contre-coup dans une émeute, qui essaye de la recommencer au

profit de quelques vanités criminelles que l'on
n'a pas su ou voulu utiliser, et de quelques convoitises surexcitées par le succès facile des mouvements populaires. Le 24 février avait engendré
les journées de juin ; le 4 septembre engendra
le 18 mars. Génération prévue et fatale ! Cette
insurrection abominable, mais tramée avec un
art pervers, s'appliqua dès la première heure à
copier les procédés extérieurs, les discours, l'allure de la dernière révolution. Elle invoquait des
raisons analogues, la justice du peuple, le salut
public, un droit antérieur et supérieur à toute
loi. Elle reproduisait avec la plus perfide adresse
le style déclamatoire et vague des proclamations
de septembre. Elle poursuivait ses adversaires, ses
prédécesseurs immédiats à l'Hôtel de ville, du cri
insensé de trahison. Elle viola l'assemblée absente
autant que cela fut possible ; elle la viola, si je
puis dire, par contumace. Son gouvernement, tiré
en grande partie du fond des sociétés secrètes,
fut la parodie du gouvernement révolutionnaire
qui s'était nommé lui-même six mois auparavant,
et, comme celui-ci avait eu la prétention de régir
la France au nom de Paris, celui du 18 mars prétendit dominer Paris au nom de Belleville. La
dernière révolution avait placé la république au-
dessus de la souveraineté nationale en la proclamant sans consulter le pays. L'insurrection inscri-
vit à côté de ce dogme indiscutable la république
fédérative, qui cachait je ne sais quelle vague idée

de sécession, et l'émancipation du prolétariat
comme s'il fallait aux prolétaires une autre liberté
que celle de tous, un autre droit que le droit commun. Elle finit par placer tant de choses au-dessus du suffrage universel, qu'il ne restait plus au
vote national qu'à contre-signer le décret de sa
servitude et à en régler les détails. Tout cela fut
une imitation fort habile des procédés qui avaient
réussi. C'était un audacieux plagiat. L'insurrection
y ajouta, il est vrai, l'assassinat des otages, la loi
des suspects, la terreur, ce qui constitue son ori-
ginalité. Ce fut une épouvantable explosion de
mauvaises passions, d'appétits furieux, de haines
féroces. Ceux-là seuls s'en étonnèrent qui n'avaient
pas voulu entendre les rugissements du monstre
à travers les déclamations des journaux d'énergumènes et des clubs d'insensés où le Paris bourgeois et frondeur s'était obstiné pendant plus de
deux années à ne voir que d'amusantes excentricités ou des bouffonneries lugubres.

On se demande comment a pu réussir un seul
jour cette orgie sanglante, ce *mardi gras révolutionnaire,* selon le mot prophétique de Proudhon.
Est-ce par les fautes du gouvernement et de l'assemblée? Mais cette assemblée, ce gouvernement
n'avaient pas eu le temps de commettre des fautes;
à peine avaient-ils eu le temps de naître, et déjà
ils étaient condamnés à mort. Est-ce la clarté, la
nouveauté de son programme qui fit le succès
momentané de l'émeute? Mais ce programme, je

défie qu'on le définisse. Cherchons ailleurs les causes qui nous expliquent ce prodigieux et scandaleux triomphe. Sans tenir compte de celles que nous avons déjà indiquées, l'illusion des exaltés qui croyaient la république en péril et l'illusion moins désintéressée de ceux qui voulaient à tout prix garder leur solde, une cause très-apparente du succès de l'émeute est la démoralisation politique de la population parisienne, qui a vu passer devant elle tant de révolutions, qu'elle ne sait plus distinguer à première vue les unes des autres, attendant l'issue pour les caractériser, appelant émeute une insurrection qui avorte et révolution une insurrection qui réussit. De là une indécision fatale, une indifférence, non sans curiosité, qui ne s'émeut pas trop, et qui laisse faire, quand un événement de ce genre commence. S'il ne s'agissait pas d'une population qui a donné pendant le siége de si beaux exemples de ce qu'elle peut oser et souffrir, on serait tenté de donner à cette indifférence des noms bien sévères. On aurait tort assurément ; mais ce qui est vrai, tristement vrai, c'est que les révolutions sont devenues pour elle quelque chose comme un jeu, une autre forme de l'émotion que lui donne son plaisir favori, le théâtre. Elle est au spectacle,... oui, au spectacle de son avilissement et de sa misère, si elle n'y prend garde.

Enfin que l'on considère le caractère cosmopolite de Paris, on cessera de s'étonner du succès momentané d'une insurrection qui, malgré ses prétentions, est moins municipale qu'européenne par ses éléments et sa vraie portée. Paris n'est plus lui-même ; il a été dépossédé, aliéné par son immensité même. Les populations flottantes l'ont envahi et comme submergé. Sans parler des immigrations colossales d'ouvriers attirés de tous les points de l'Europe par le développement insensé des travaux, il offre aux aventuriers et aux conspirateurs de tous les pays une incroyable facilité de s'y cacher et d'y vivre. Au Paris véritable, industriel, commercial, laborieux, s'est ajouté quelque chose d'énorme, de monstrueux, d'indéfinissable qui l'absorbe. Cela s'appelle encore Paris, bien que ce ne soit déjà plus une ville ayant son unité, sa conscience distincte, mais tout un monde à l'état de chaos ou de ruine, un monde désorganisé, amas confus de toutes les langues et de toutes les nationalités, œuvre incohérente et tumultueuse d'un siècle qui compte ses années par des bouleversements, et d'une société minée par de gigantesques conspirations. A voir ce qui se passe, on pourrait croire qu'une sorte de loi historique condamne les trop grandes villes. Comme la Rome des césars, le Paris moderne est menacé de périr par sa grandeur démesurée. Les villes de ce genre sont des espèces de monstruosités incompatibles avec l'ordre, le travail, les vertus laborieuses et saines d'un peuple libre. Le patriotisme s'y perd dans l'esprit occulte et dans la religion farouche

des associations internationales, anonymes, sans
patrie, sans domicile. Le sentiment municipal lui-
même y devient impossible; il se fausse étrangement dans ces foules cosmopolites et nomades qui
sont la révolution ambulante se transportant d'un
point à l'autre de l'Europe, *fenians* en Angleterre,
lassallistes en Allemagne, *nihilistes* en Russie, *maz-
ziniens* en Italie. Paris devra choisir entre ces deux
alternatives de sa destinée : devenir la commune
révolutionnaire du monde, ou rester la capitale
de la France.

Voilà ce que ne voulait pas comprendre, il y a
deux ans, l'opposition systématique, quand elle
imputait uniquement à un jeu odieux de la police
les premiers tressaillements de l'émeute, quand
elle réclamait l'éloignement de l'armée régulière,
qui gênait, disait-on, la libre expansion de l'opinion publique, jusqu'au jour où l'opposition,
devenue gouvernement, trouva en face d'elle, le
31 octobre, le 22 janvier, le 18 mars, les mêmes
adversaires dont elle avait accepté l'imprudent
patronage, et qui avaient agité les derniers jours
de l'empire. Voilà ce que n'osait pas reconnaître
M. Jules Favre, quand à Ferrières il répondait à
une insolence de M. de Bismark : « Monsieur le
comte, il n'y a pas de populace à Paris, il n'y a
que des citoyens! » C'était une phrase patriotique,
mais c'était une phrase. La populace, il l'a vue à
l'œuvre plus tard, s'acharnant sur les ruines de la
patrie et ajoutant à la ruine le déshonneur. Il a

senti lui-même ses coups. Il n'a pas craint de la flétrir alors, un peu tardivement, en laissant déborder l'indignation de son âme. C'est qu'en effet il y a une populace à Paris. On ne gagne rien à vouloir ne pas la voir; mais ce n'est pas une classe sociale, c'est une catégorie morale qui se recrute, parmi toutes les classes, des ambitions impuissantes, des jalousies souffrantes, des paresses incurables, des convoitises furieuses. On appartient à la populace par les vices de l'âme, non par la misère. Vous la reconnaîtrez à son langage forcené et à ces deux signes qui ne trompent pas : la haine civile et l'absence de patriotisme. Quand je pense à cette noble république dont le nom est invoqué, célébré ou profané par tant de bouches différentes, je me la figure volontiers sous l'image de la Sirène antique, tête divine, radieuse dans la lumière, et finissant par une forme monstrueuse qui rampe dans l'ombre et dans la fange. C'est bien là le symbole de la république en France, commençant par les chants, par les hymnes, par l'âme et l'imagination d'un Lamartine, se terminant aux déclamations féroces d'un Blanqui : déesse en haut, monstre en bas.

Telles sont les variétés du parti républicain qui se sont montrées successivement à nous pendant ces derniers mois, et qui ont compromis, bien qu'inégalement, la république. L'une, la portion sincère et relativement modérée, a eu le tort de ne pas répudier la révolution comme moyen, sinon comme but, et de s'appuyer sur elle pour parvenir à ses fins, sans prévoir qu'elle ne pourrait plus s'en délivrer. L'autre, l'élément dictatorial et jacobin, a commencé par la révolution, continué et fini par elle. On a vu la troisième, que j'ose à peine rapprocher des autres, et qui ne s'en rapproche que par la date, ajouter à la révolution la terreur. La gironde, la montagne, l'hébertisme, ce sont les trois phases successives, et, comme diraient les Allemands, les trois *moments* de l'idée républicaine qui viennent de se répéter devant nos yeux à quatre-vingts ans de distance après leur première apparition. Il serait plus que temps de rompre cette logique fatale qui les enchaîne entre elles, et qui les attache au nom de la république. Pour s'acclimater dans nos mœurs et dans nos goûts, la république doit appartenir à tout le monde, et non à un parti, fût-ce aux honnêtes gens du parti. Elle doit être la chose vraiment publique, non le patrimoine d'une caste. Que son nom représente une administration sérieuse, pratique, libérale, aux mains de vrais hommes d'État, non plus une succession d'émeutes sanglantes ou une monotone déclamation. A ces conditions, elle sera possible en France; mais pour cela qu'il soit bien évident pour tous que la république est la forme naturelle, consentie de l'ordre, de la loi, de la raison, et que sa plus mortelle ennemie est la révolution. On peut dire d'elle ce qu'on a dit de la liberté : elle peut naître de la révolution, ce qui est déjà un malheur; mais elle ne peut vivre qu'à la condition de tuer sa mère. Si elle ne s'y décide pas, inévitablement c'est elle qui doit mourir.

LA FIN DE LA BOHÈME

LES INFLUENCES LITTÉRAIRES DANS LA COMMUNE

Nous venons d'échapper à la barbarie ; mais ce qu'il faut bien qu'on sache, c'est que, dans ce furieux assaut contre la civilisation, nous avons eu affaire à une barbarie lettrée. A la tête de cette armée sinistre marchaient des écrivains qui n'étaient pas tous sans talent, de beaux esprits même dont quelques-uns avaient eu des succès de vogue, dont plusieurs pouvaient espérer une heure encore de célébrité sur l'asphalte des boulevards. Voilà ce qui a été le trait singulier des derniers événements[1]. Jusqu'alors, les bataillons de l'émeute ne se recrutaient guère que dans la population ouvrière, sous le commandement des généraux ordinaires de barricades comme Barbès ou des

---

1. Juin 1871.

conspirateurs émérites tels que Blanqui. Cette fois à la tête de ce gouvernement de parodie nous avons vu paraître une foule de noms appartenant par leurs origines au monde civilisé, aux lettres, aux sciences, aux écoles. C'est tout un état-major spécial et nouveau de l'insurrection qui a défilé devant nous comme dans une parade de Franconi, enrubanné, empanaché, cavalcadant sous le reflet du drapeau rouge. On a dressé la statistique des carrières libérales qui ont fourni leur contingent à la Commune de Paris. La médecine et l'enseignement libre s'y rencontrent avec la peinture à côté des professions inavouables, qui abondent ; mais ce qui domine, il faut bien le dire, c'est l'homme de lettres : il se multiplie dans le sein de la Commune ou aux alentours. Le journalisme, le pamphlet, le roman même, le théâtre se coudoient dans cette troupe qui a donné pendant deux mois ses représentations lugubres à l'Hôtel de ville. Ç'a été vraiment l'invasion de la bohème littéraire dans un gouvernement fait à son image. Ce premier triomphe sera-t-il du moins le dernier, et comprendra-t-on enfin par ce terrible exemple que l'orgie des lettres sans dignité et de l'esprit sans conscience ne doit plus recommencer sous nos yeux, aux applaudissements d'un public dupe ou complice? C'est en mai 1850 que naquit officiellement la bohème dans une préface d'Henri Murger; c'est en mai 1871 que nous l'avons vue tomber sur le pavé sanglant, après avoir pris sa part d'une

tyrannie ignominieuse. Elle était entrée pourtant
d'une façon bien inoffensive dans le monde; elle
avait commencé par un éclat de rire dans une
mansarde. Après vingt et un ans d'une triste vie
qui cessa bientôt d'être innocente, et que se dis-
putèrent la paresse et la vanité, elle vient de finir
derrière une barricade par un cri de désespoir et
de rage, léguant au monde, avec un nom détesté,
une énigme morale que nous essayerons de résoudre.

I.

La vie de bohème n'a pas été inventée par Henri
Murger, ni le mot ni la chose ne lui appartiennent ; mais il l'a découverte et révélée dans ses
petits mystères Il nous l'a montrée avec une gaieté
tellement inoffensive, un si aimable abandon et
tant de gentillesse dans ses indiscrétions, qu'on
aurait eu mauvaise grâce à rudoyer cette belle
humeur toujours prête à s'envoler en chansons
au premier rayon de soleil, au premier souffle du
printemps. La critique et le public furent d'accord
pour faire bon accueil à l'écrivain, à son œuvre,
à ses révélations piquantes. et la bohème, ainsi
présentée, put dire comme la jeune captive d'André
Chénier :

> Ma bienvenue au jour me rit dans tous les yeux.

Donc, en ces années lointaines, il s'était formé aux alentours du Luxembourg, à l'ombre de ses lilas, un groupe d'écrivains encore sans réputation, de peintres sans commande, de musiciens sans ressources, liés entre eux par les hasards de la camaraderie errante, rêvant ensemble de fortune et d'avenir dans de petits cénacles où l'on mêlait à la chimère des plus belles destinées la satisfaction très-positive de *démolir* (c'était le mot en usage) les gloires établies, les réputations naissantes, les talents consacrés, ou qui travaillaient à l'être. Le fond de ces existences, vu de près, était fort misérable et fort triste; mais, pour cacher ce vilain fond trop réel, il y avait de la gaieté, de la verve, au moins chez leur historien; il y avait même un peu d'émotion, et surtout cette grâce suprême, irrésistible, parce qu'elle est l'inconnu dans le talent et dans la vie, la jeunesse. Tout au plus aurait-on plaisanté volontiers le révélateur de ce petit monde sur sa prétention intermittente à le hausser un peu trop dans notre estime. Quand il se contente de plaider les circonstances atténuantes en faveur de ses légers héros et de ses héroïnes plus légères encore, c'est à merveille. Nous nous amusons des boutades du musicien Schaunard et de sa symphonie sur l'*influence du bleu dans les arts,* nous applaudissons aux paradoxes de Gustave Colline le philosophe, tant que nous pensons qu'ils ne tirent pas à conséquence, enfin nous sourions en voyant tourbillonner dans

les pages du livre cet essaim folâtre des Sidonie,
des Louise ét des Musette; une larme perce à travers notre sourire quand le poëte de ces faciles
amours envoie Mimi mourir à l'hôpital. Tout cela
dans sa mesure a son agrément; mais l'intérêt est
d'autant plus vif que les exigences de l'écrivain
sont plus modestes. Le livre, qui ne contient que
des scènes et des récits, vaut beaucoup mieux que
la préface, qui expose une théorie, et dans laquelle
on pourrait relever plus d'une apostrophe au
moins inutile adressée aux *puritains du monde,*
aux *puritains de l'art,* mêlée à des dithyrambes en
l'honneur de la vie libre et de l'art indépendant.
Ce sont là des tirades de matamore, sorties du
moule où les coulait jadis un des ancêtres de la
bohème, Cyrano de Bergerac, et dont se raillait
ailleurs l'aimable Murger. Cette déclamation n'est
pas dans sa voix; elle est notée trop haut pour lui.

A vrai dire, qu'est-ce que cette vie *artistique,* si
singulièrement exaltée par l'écrivain, qu'il a cru
devoir la rehausser par un prétentieux barba-
risme? C'est, nous dit-on, la vie vouée au culte
pur de l'idéal, ignorante ou insouciante de la réalité; c'est l'existence tout extatique « de ces
obstinés rêveurs pour qui l'art est demeuré une
foi et non un métier, et qui, par timidité ou par
inexpérience, s'imaginent que tout est dit quand
l'œuvre est terminée, et attendent que l'admiration
publique et la fortune entrent chez eux par escalade et par effraction. Ils vivent, pour ainsi dire,

en marge de la société, dans l'isolement et dans l'inertie. Ils sont logiques dans leur héroïsme insensé; ils ne poussent ni cris ni plaintes, et subissent passivement la destinée obscure et rigoureuse qu'ils se font eux-mêmes... Ils sont vraiment les *appelés de l'art,* et ont chance d'être aussi ses élus. Cette bohème-là est hérissée de dangers; deux gouffres la bordent de chaque côté : la misère et le doute... Cette bohème est la préface de l'Académie, de l'Hôtel-Dieu ou de la Morgue. » Telle est la théorie; dans la pratique, il faut beaucoup en rabattre. Si nous prenons Murger lui-même pour arbitre, à juger la question par ses agréables récits, elle sera bientôt tranchée. Ses personnages ne sont pas, à beaucoup près, des victimes de l'idée, ni de pâles martyrs de l'art; ce sont de spirituels viveurs sans le sou qui appliquent chaque matin leur génie à des problèmes du genre de celui-ci : « comment payerons-nous notre terme? » ou bien : « comment dînerons-nous ce soir? » C'est là tout leur souci, celui qui creuse un pli à leur front. En vérité, il n'est guère question dans ces singulières aventures de la recherche de l'idéal ; il s'agit très-prosaïquement de vivre, de s'amuser, sans qu'il en coûte rien à leur paresse ou à leur bourse vide. Pourquoi donc de pareilles existences seraient-elles les privilégiées de l'inspiration? Pourquoi les grandes idées, les sentiments sublimes, les nobles formes de style, les dons les plus rares de l'imagination et

de l'expression abonderaient-ils de préférence
parmi ces jeunes gens qui n'ont jamais invoqué
d'autre muse que Mlle Musette? Pourquoi les plus
belles conceptions de l'art viendraient-elles spontanément éclore dans une vie sans étude et sans
travail? Pour ma part, je n'ai jamais pu le comprendre; il est vrai que ce jugement est celui d'un
bourgeois, d'un *philistin*, et qu'à ce titre on le
récusera.

Comme tous ces personnages, qui ont bien l'air
de vivre ou d'avoir vécu, sont dégénérés de ce
modèle qu'ils ont toujours devant les yeux, et
qu'ils ne savent reproduire que par les plus tristes
côtés! Avec quelle indignation le poëte de *Rolla*
désavouerait cette postérité d'orateurs d'estaminet
et de rimeurs débraillés qui lui font l'injure d'invoquer son nom! Lui, c'était un poëte, « un de
ces hommes à qui le ciel, souvent au prix de misères, de faiblesses, d'indicibles souffrances, semble
livrer ses secrets, et qui, par une exception sans
égale, en reçoivent un don merveilleux et divin de
sentir, d'exprimer et de peindre; enfants privilégiés
qu'il faut aimer, juger avec indulgence, car ils sont
en ce monde moins pour s'y gouverner eux-mêmes
que pour charmer et consoler les autres[1]; » mais
eux, quel droit ont-ils à être jugés avec cette sympathie qui désarme la raison? Sur quel front de
cette troupe vagabonde brille l'étincelle céleste

____

1. M. Vitet, parlant sur la tombe d'Alfred de Musset.

qui ne s'éteignit jamais chez lui parmi les risques effrayants de la plus aventureuse existence? Nous voyons ici d'inexcusables faiblesses, des prétentions inouïes, un désordre insensé de mœurs et d'idées, — nulle part le signe supérieur, ce reflet de l'idéal sous lequel tout s'éclaire et se transfigure. Ce n'est plus cette élégance innée qui survit à la chute, ni cette fantaisie émue jusque dans ses écarts les plus étranges, ni même cette débauche presque poétique encore où l'on entend une douleur immortelle sangloter à travers l'éclat de rire, et qui n'est que le désespoir de la passion; ici c'est la misère volontaire acceptée d'abord par lâcheté, puis cultivée avec dilettantisme, transformée en une sorte de carrière spéciale où l'habileté consiste à échapper au propriétaire et au tailleur, où le triomphe est de vivre le plus longtemps possible sur le crédit que l'on n'a pas : triste vie au demeurant, à peine consolée par quelques rayons de soleil dont on ose à peine jouir entre deux termes échus, ou par quelques amours de hasard qui s'envolent par la fenêtre de la mansarde le soir du jour où l'on n'a pas dîné. Le fond de cette existence, c'est la chasse fantastique à la pièce de cent sous. Tous ces vieux *jeunes*, qu'on nous donne pour les amants platoniques de l'art, ne sont que des Gil Blas égarés dans les lettres. Lesage n'eût pas manqué de croquer ces figures en quelques traits de sa sèche ironie; il appartenait à notre époque à la fois réaliste et sentimentale de poétiser cette vie besoigneuse et ces incurables paresses.

N'exagérons rien de peur d'être injustes à l'égard du meilleur et du plus inoffensif de ces bohèmes. Ni la vie ni le talent de Murger ne méritent ces dures sentences; mais il a créé un faux et triste idéal de vie libre qui a égaré bien des jeunes imaginations, et les a jetées dans des voies sans issue. Schaunard et Colline ont laissé derrière eux une funeste école. Eux du moins, ils n'étaient que des révoltés contre l'art, dont ils outrageaient le culte austère par leurs extravagances, dont ils méconnaissaient les conditions les plus hautes, le sérieux de la pensée, l'effort continu, la dignité de la vie. Après eux sont venus les révoltés de la société, ceux qu'on a nommés ou qui se sont nommés eux-mêmes les *réfractaires*. L'âge d'innocence de la bohème n'a pas duré longtemps; encore est-il vrai de dire que ce n'était qu'une innocence relative.

Comment s'est faite cette transformation? De la manière la plus logique et la plus simple : la littérature besoigneuse est devenue, par une transition fatale, la littérature envieuse. Dans la première phase de la bohème, on voyait déjà poindre le germe des mauvaises passions : l'impuissance aggravée par la paresse, exaspérée par des prétentions absurdes, aiguisée en une sorte d'ironie perpétuelle contre tout ce qui travaille ou s'élève, enfin la volonté bien arrêtée de ne prendre rien ni personne au sérieux plus que soi-même, et l'horreur du sens commun poussée jusqu'à la déraison systématique. Transportez ces instincts de la bohème littéraire dans le milieu fiévreux du monde politique, sous l'atmosphère embrasée des passions et des haines qui s'y allument, — ajoutez-y l'idée fixe de parvenir par tous les moyens au sommet du pouvoir et de la fortune, l'émulation déplorable que fait naître dans certaines âmes le spectacle des ambitions triomphantes et de la richesse scandaleuse, — jetez tous ces germes dans un tempérament bilieux, dans un esprit inquiet, ironique et dur, dans une conscience qui depuis longtemps a dévoré tous les scrupules, et vous verrez quelle moisson funeste et empoisonnée va surgir !

C'est ce que nous avons vu et ce qui mérite d'être rappelé pour l'édification des naïfs, s'il en reste dans un temps comme le nôtre, plus propice à l'expérience qu'aux illusions. Donc un certain jour, il y a cinq ou six ans à peine (on dirait qu'il y a un siècle), un changement presque subit se fit dans la littérature légère chargée de défrayer le public de nouvelles à la main et de petits scandales. Un souffle purifiant de généreuse colère avait passé par l'âme des chroniqueurs à la mode, et l'on put espérer que la petite presse allait devenir une école de mœurs. Certains amuseurs publics se firent moralistes, pamphlétaires, satiriques, avec un grand succès. A les voir poursuivre avec tant de

zèle les gros abus et les grands scandales, on eût
dit qu'ils retrouvaient une vocation perdue. C'était
d'un fouet implacable qu'ils flagellaient les *Français de la décadence,* parmi lesquels on avait pensé
jusqu'alors qu'ils occupaient une place distinguée,
et leur satire âcre dénonça sans relâche à l'indignation des honnêtes gens la *grande bohème,* l'op-
posant ainsi, par une antithèse heureuse, à la petite
bohème, trop méconnue. Certes la matière prêtait.
Il serait inutile de nier que ce temps si brillant
en apparence et ce monde aux surfaces éblouis-
santes ne fussent secrètement minés par un mal
étrange, multiple de formes, d'une contagion irrésistible, et qu'en prêtant l'oreille on ne pût entendre
déjà comme le bruit vague d'une ruine prochaine.
Il y avait dans ces splendeurs je ne sais quoi d'artificiel et de provoquant qui appelait l'écroule-
ment; ces joies insensées, ces frivolités malsaines,
cette fièvre de plaisir, cette fureur de fortune,
étaient comme un défi au sort, qui ne souffre pas
les prospérités immodérées, et qui les châtie par
leurs excès mêmes. Ah! sans doute le Paris de
M. Haussmann, le bois de Boulogne vu un jour
de courses, l'insolente ostentation de la richesse
de la France étalée devant les yeux jaloux de l'Europe dans le palais de l'exposition, enfin l'excès
du luxe et des dépenses prodiguées par la main
du pouvoir avec la complicité irrécusable d'une
grande partie de la nation, il y avait là une occasion d'inquiétudes patriotiques. On eût compris

qu'un moraliste austère avertît la France, complaisante ou entraînée. Ce qui étonna au premier moment, ce fut de voir cette transformation de quelques-uns des écrivains qui avaient le plus aidé à la décomposition des mœurs et de la raison publique par l'aimable scélératesse de leurs œuvres et de leurs idées, par le sans-façon de leur scepticisme applaudi et populaire. On fut charmé, mais surpris, de voir la petite presse, tant calomniée, devenir inopinément une forme de la prédication laïque, et le père Bridaine revivre à l'improviste dans l'auteur de *la Vieillesse de Brididi*. Ce fut lui vraiment qui se chargea de châtier de la bonne façon les barons d'Estrigaud, et de déclarer « que du moment que ces jolis messieurs étaient reçus dans les meilleures maisons, qu'ils possédaient des galeries de tableaux qu'on venait visiter en pèlerinage, et qu'ils exerçaient même une certaine influence sur la fortune publique, il n'y avait pas deux partis à prendre : les gens non encore gangrenés n'avaient plus qu'à faire un paquet de leurs hardes et à s'expatrier. » Plus tard, ce ne fut plus le baron d'Estrigaud qui attira les coups du pamphlétaire. Un beau jour, nouveau Diogène, il alluma sa lanterne et chercha un homme dans les rues de Paris. Il ne l'y trouva pas; mais, en passant devant les Tuileries, il s'y arrêta, et ce fut là, dans les ombres du vieux palais qu'il plongea les clartés vengeresses de son flambeau. Lui aussi, il devint un grand justicier.

Qu'y avait-il au fond de ces colères qui n'épargnaient rien, qui poursuivaient d'une invective enflammée les sentiments les plus intimes, les plus inviolables pour les honnêtes gens, et jusqu'à l'âge innocent de celui à qui l'on ne pouvait reprocher que le crime d'être né ? On a dit que c'était la revanche des indignations longtemps muettes et comprimées contre l'ordre politique et social; mais qu'on nous montre quelle passion dictait cette âcre satire contre des puissances et des splendeurs si voisines déjà de l'abîme. S'inspirait-elle d'un sentiment de moralité supérieure à la société qu'elle condamnait, qu'elle flétrissait? On a le droit de le demander. La satire n'a sa valeur et ne produit tout son effet que lorsqu'elle vient des hautes régions de l'âme, et que la passion de la justice l'anime. Un Juvénal suspect de n'être pas un stoïcien court le risque de n'être qu'un déclamateur. N'était-ce pas précisément le cas pour ce Juvénal improvisé au lendemain d'un vaudeville graveleux? La question n'est guère douteuse aujourd'hui; elle s'est singulièrement éclaircie depuis quelque temps. Non, celui qui avait jeté sa bile et son fiel (*turbida bilis*) sur ces pages accusatrices n'avait jamais conçu

> . . . . . . Ces haines vigoureuses
> Que doit donner le vice aux âmes vertueuses.

Pour lui, comme pour beaucoup de ses émules en pamphlet, il ne s'agissait guère de faire régner la vertu sur la terre. On n'était pas si naïf que cela. On s'enivra, d'abord sans arrière-pensée, de la popularité facile que procure toujours chez nous la polémique contre le pouvoir, et surtout la polémique par l'insulte ; puis, quand le succès grandit, on pensa sans doute à en tirer parti. Qu'il serait commode et agréable, quand on aurait renversé l'ordre de choses actuel, d'en établir un autre où l'on serait maître et tyran à son tour ! Ce n'était pas la liberté des autres que l'on voulait affranchir, ni le droit que l'on tenait à venger ; on s'en souciait bien ! c'était le despotisme de la foule que l'on espérait mettre à la place du pouvoir détruit. On pensait régner par elle et avec elle ; ne tenait-on pas dans ses mains le cœur de la populace? Serait-il donc si difficile de la diriger au gré de ses convoitises ? Le vrai nom de cette Némésis, ce n'était pas la justice, c'était l'envie.

La passion politique put alors faire illusion à bien des gens qui jouissaient trop vivement de leur haine satisfaite pour mesurer la véritable portée de ces coups si rudes, pour s'inquiéter de savoir s'ils n'atteignaient pas bien au delà du but; mais l'illusion n'était plus possible quand on passait de la *Lanterne* aux *Réfractaires*. C'était au fond la même inspiration, mais plus brutale, moins voilée sous l'artifice et le mensonge de la politique. L'inspiration de ce livre étrange et maladif, c'est la haine et la convoitise, la passion de a révolte combinée avec la fièvre de l'argent. Je viens de le relire, et je sors de cette lecture épouvanté. On y voit passer, comme dans une revue infernale, l'armée de furieux qui plus tard s'illustrera par les ruines de Paris. On voit défiler dans ces pages les paresses ignominieuses, les jalousies, les impuissances folles, les ambitions devenues féroces, sous la conduite de ce triste chef qui devait plus tard se désigner au commandement suprême de ces légions farouches comme « le candidat de la misère ! » Quel chef et quelle armée ! Où se recrute-t-elle? Parmi tous ceux qui à Paris ont fait naufrage, dont la civilisation n'a su ni reconnaître le génie, ni utiliser « les magnifiques énergies, » et qui se sont perdus corps et âme dans cette tempête sans éclair. Naturellement c'est la faute de la société, et tous ces naufrages sont à sa charge. Pourquoi ne paye-t-elle pas des rentes à ces superbes paresses? « Mettez un homme dans la rue avec un habit trop large sur le dos, un pantalon trop court, sans faux-col, sans bas, sans un sou, eût-il le génie de Machiavel, de Talleyrand, il sombrera dans le ruisseau [1]. » C'est toujours l'idée fixe : le succès, la fortune ; le type ne varie pas, c'est Machiavel ou Talleyrand. « Il y a là un danger. La misère sans drapeau conduit à celle qui en a un, et des réfractaires épars fait une armée, armée qui compte dans ses rangs moins de fils du peuple que d'enfants de la bourgeoisie.

---

1. Jules Vallès, les *Réfractaires*.

Les voyez-vous *forcer sur nous,* pâles, muets, amaigris, battant la charge avec les os de leurs martyrs sur le tambour des révoltés, et agitant comme un étendard au bout d'un glaive la chemise teinte de sang du dernier de leurs suicidés! Dieu sait où les conduirait leur folie. » Toute cette page est écrite dans un accent de prophétique menace. Il est vrai que le dignitaire de la future commune ajoute une restriction à sa lugubre prophétie : « Nous avons vu, dit-il, ce que valaient ces religions de l'émeute, ces théories du combat! La liberté n'y gagne rien, la misère y perd, seulement le ruisseau est rouge. » Pourquoi n'a-t-il pas mis à profit cet avertissement qu'il semble se donner à lui-même? Ce n'est, hélas ! qu'une lueur de bon sens qui va se perdre dans l'orgie des insanités intellectuelles et des désirs furieux.

II.

Nous avons marqué les deux premières phases de la bohème, d'abord souffrante, puis militante. La troisième phase, à laquelle nous arrivons, est celle de la bohème triomphante ; elle date des élections de 1869. L'entrée de M. Rochefort au corps législatif ne marque-t-elle pas en effet une ère nouvelle dans les destinées de la bohème? C'est à ce moment que se fondent les clubs exaltés et les journaux agitateurs qui sont sa gloire et son œuvre. Ces clubs ne sont rien autre chose que l'émeute en permanence, ou mieux en représentation tous les soirs, et quant aux journaux, ils battent le rappel dans tous les quartiers de Paris, sous les yeux d'un gouvernement affaibli par ses fautes, presque désarmé par l'opinion, miné par une opposition systématique, et d'une bourgeoisie heureuse de se distraire en donnant des avertissements au pouvoir. Tout cela était-ce, comme le prétendait l'opinion radicale, le signal des revendications légitimes, le réveil du peuple, l'aube de la liberté? Non, une aurore si orageuse n'annonce pas un jour pûr et serein. Ces clubs et ces journaux, c'était la grande voix de la bohème politique, et cette voix se faisait entendre bien plus loin, elle remuait bien plus profondément les masses que la rhétorique officielle et les colères mesurées de l'opposition parlementaire. Les agitateurs les plus fameux de la foule sont des bohèmes qui se sont exercés à la vie politique dans ces cafés qu'on appelle littéraires, je ne sais trop pourquoi. Dans l'historique des derniers événements, on n'a pas tenu assez grand compte de cette éducation du bavardage excentrique, de ce noviciat de l'extravagance parlée dans les longues heures du soir, autour des tables où se réunissaient les vanités les plus prétentieuses de la bohème parisienne. Il paraît cependant que c'est là que se sont préparés depuis deux ans plusieurs des épisodes de notre triste histoire. Écoutons un de ceux qui ont le mieux connu, pour les avoir pratiquées à fond, ces mœurs étranges, et ne nous rebutons pas trop de ce langage réaliste. Voici les habitués qui arrivent. « Après avoir pataugé toute la journée dans la boue, ils viennent s'enfoncer dans la discussion jusqu'au cou, faire brûler leur petit verre et flamber leurs paradoxes; montrer qu'eux aussi, les mal chaussés, les mal vêtus, ils en valent bien d'autres, *ils ont quelque chose là* (ce mot d'André Chénier a fait tourner toutes ces cervelles vides). Les vaincus du matin deviennent les vainqueurs du soir. La vanité y trouve son compte; ils s'accoutument à ces petits triomphes, à ces orgueilleux bavardages, à ces dissertations sans fin, aux témérités héroïques... De cette table d'estaminet, ils font une tribune, ils parlent là, sous le gaz, les livres qu'ils devraient écrire à la chandelle; les soirées s'achèvent, les jours se passent : ils ont causé trente chapitres, et n'ont pas fait quinze pages[1]. » On ne s'est pas assez défié de cette génération politique qui a fait son apprentissage dans les cafés du quartier latin ou des boulevards, et qui de là un certain jour s'est répandue sur la France entière avec ses mœurs étranges, ses tropes hardis, son bagage plus que léger d'études, mais en revanche avec l'intarissable faconde et l'en-

---

1. Les *Réfractaires.*

train maladif que l'on puise dans les flots verts de l'absinthe. Cette perfide et malsaine liqueur aura eu son influence dans la désorganisation cérébrale de Paris. La médecine s'en est déjà inquiétée, la politique de cette dernière année s'en est ressentie. L'hygiène physique et l'hygiène morale d'une nation se touchent de plus près que l'on ne peut le croire : nous indiquons là une des plus dangereuses maladies de notre civilisation. L'absinthe fait des orateurs et des politiques à Paris, comme l'opium fait en Chine des extatiques et des hallucinés. Les uns et les autres se valent à peu de chose près; mais, s'il fallait choisir, mon choix serait pour les silencieux plongés dans une extase muette par le narcotique cher à l'Orient. Ceux-ci du moins ne font de mal qu'à eux-mêmes, c'est un lent suicide qu'ils s'infligent, ils n'imposent pas à leur pays leur dictature bavarde et leur délire impie. Leur rêve est au dedans; ils ne prétendent pas le réaliser au dehors sur les ruines et dans le sang.

C'est dans les clubs que l'on vit surgir tout d'un coup ces tribuns d'estaminet qui n'avaient encore exercé leurs talents que devant un auditoire spécial, en vue d'une popularité restreinte. Ceux qui ont suivi ces réunions avec quelque attention et une douloureuse sollicitude pour les symptômes du mal dont le pays était attaqué, les observateurs qui allaient là, non comme à un spectacle, mais comme à une clinique, ont pu remarquer

que les orateurs les plus applaudis étaient de deux
espèces : des ouvriers intelligents, mais qui avaient
lu au hasard, sans direction, surchargeant leur
mémoire de tirades indigestes et de déclamations
antisociales, et des étudiants de dixième année,
vieux bohèmes qui avaient cessé depuis longtemps
d'entretenir tout rapport avec l'École de droit et
l'École de médecine pour se vouer à la politique
transcendante et à la régénération humanitaire.
Ajoutez à ce groupe, déjà fort respectable, quelques
médecins sans clientèle, quelques avocats sans
cause, quelques acteurs sifflés, des professeurs
sans élèves, la rédaction des journaux qui paraissent une fois, tous les déclassés des carrières
libérales « qui portent un diplôme de bachelier
dans les poches de leur habit troué, » vous avez
l'état-major des clubs qui ont diverti pendant deux
ans le Paris sceptique et blasé, qui ont épouvanté
les gens raisonnables, et, en troublant l'esprit du
peuple, préparé le 18 mars. L'élément lettré de ces
réunions était en concurrence, pour le radicalisme
des idées (si l'on peut donner ce nom à de pareilles
choses), avec le contingent oratoire fourni par les
classes ouvrières.

Cependant il y avait une différence capitale. Les
orateurs ouvriers avaient mal étudié, et traitaient
à tort et à travers les questions sociales ; mais ils
y apportaient un sentiment sincère, un air de
conviction, quelque chose enfin qui ressemblait à
de la probité dans la déraison. Les *irréguliers* de

Paris n'avaient même pas cette excuse. Leur folie était une folie voulue; les propositions les plus insensées n'étaient pour eux qu'un moyen de s'imposer et de réussir. Ils visaient uniquement à cette sordide popularité qui était comme la prime de l'extravagance. Ils se surexcitaient eux-mêmes par l'ivresse de la parole et de l'applaudissement facile. À la fin, ils étaient devenus des énergumènes, mais au commencement de leur triste carrière ils n'avaient été que des *artistes* en excentricités; cela se sentait encore à je ne sais quelle note forcée dans l'expression et dans la voix. Jacobins, oui, sans doute; mais avant tout rhéteurs et comédiens.

En même temps florissait la presse de la bohème révolutionnaire. Elle a commencé à la *Marseillaise* elle a fini avec le *Mot d'ordre* et le *Cri du peuple*. On me permettra de négliger les nuances, qui sont innombrables, les variétés, qui se multiplièrent tous les jours, les imitateurs à la suite qui tâchaient à force de violences de faire leur récolte dans le même sillon, car il ne faut jamais oublier dans ces esquisses de mœurs littéraires la question d'argent, qui a bien plus d'importance que la question d'idée. Les chefs eux-mêmes de cette presse, les coryphées, visaient avant toute chose à la popularité monnayée en gros sous. Leurs articles les plus scandaleux n'étaient qu'une réclame; en surexcitant les ardeurs populaires, ils avaient en vue la vente au numéro. On cite dans les tristes jours qui ont précédé le 18 mars telle infamie qui a obtenu un succès de quatre tirages pour la même journée. Le marché des journaux était ouvert à une surenchère perpétuelle de scandale dont le public faisait les frais. Quelle industrie lucrative que celle qui consistait à trafiquer du mensonge et de la calomnie, de la conscience publique et de l'honneur privé ! — On songeait parfois au passé, à ses souffrances, à l'obsession perpétuelle d'une criante misère. Quelques années à peine séparaient ces brillants spéculateurs du temps où ils n'avaient pas encore trouvé le moyen de battre monnaie. « C'est alors qu'ils s'enterraient dans un cabinet de 10 francs, sans air, sans feu, sans *tabac*, en face d'eux-mêmes, pour lutter là seuls avec leur pensée, pour faire jaillir d'un cœur ulcéré des phrases joyeuses ou des pages sereines... Ces articles, ces pièces, ce roman, ces vers, quand seront-ils acceptés, imprimés, payés ? Quand ? Dans six semaines, six mois, un an peut-être. Seront-ils reçus seulement ? Pour qu'ils le soient, n'étouffera-t-il pas, cet affamé, ses cris les plus éloquents ? Je le vois d'ici, lâche devant son âme, jetant des cendres sur sa phrase et des fleurs sur ses haines. » Que les temps sont changés ! Les *haines* ne se sont pas éteintes, elles se sont développées ; mais on n'a plus à les comprimer, on n'a qu'à les répandre comme une lave ardente sur la première page d'un journal, pour que cette page se couvre d'or ! Le cœur est ulcéré plus que jamais par l'envie. Eh bien! que l'écrivain laisse crier ce hideux ulcère, qu'il l'entretienne même, cela rapporte; qu'il avive la plaie, il y a là un trésor! Des idées, du travail, des études économiques, de la science, pour quoi faire? L'audace révolutionnaire dispense de tout. Heureuse époque où un chroniqueur, devenu candidat très-sérieux par la grâce du peuple souverain, demandait sur ses affiches cinq minutes pour résoudre la question sociale! De la probité, à quoi bon? C'est affaire au petit commerce, non au sacerdoce de l'idée. Les autres formes de l'honnêteté ne sont rien, ne comptent pas sans la vertu révolutionnaire; celle-ci a son privilége. Qu'on laisse donc à la porte du journal tout ce bagage encombrant de préjugés et de scrupules. La *grande idée* suffit à tout; elle confère la science et le mérite, elle purifie ce qu'elle touche, elle ennoblit le mensonge, elle sanctifie l'infâme.

Où l'on arrive avec de tels principes, nous l'avons vu, et le monde en frémit encore. On pourrait suivre la gradation rapide que parcourut certain journalisme, école de démoralisation populaire avant d'être l'officine secrète et le cabinet consultant du brigandage public. Ce qui marque la première étape dans cette voie funeste, c'est l'absence complète de sérieux, l'*irrespect* poussé jusqu'à ses dernières limites, la fantaisie dans le cynisme. Ces feuilles étaient plus que légères, les consciences l'étaient aussi, et tout cela roulait pêle-mêle vers l'abîme; puis vint la période de l'agitation à perpétuité, le commencement ou plutôt l'essai de la terreur par l'injure poussée jusqu'à l'hyperbole, la polémique la plus violente des personnalités substituée à la discussion des idées. Chacun à son tour, parmi les plus honnêtes gens, dut compter avec ces Suétones de la démagogie ; mais voici la troisième période, celle où le journal se fait l'instrument très-actif et très-réel de la terreur qu'il a célébrée, appelée, et qui est enfin venue. Les bureaux de cette presse sont devenus l'antichambre de la Roquette. Chaque jour, ces écrivains font leur besogne, et quelle besogne! Dénonciateurs publics, exécuteurs des hautes et basses œuvres, pourvoyeurs des soupçons populaires, nous les avons vus de près, ces sycophantes de la populace, irritant la misère, versant à flots sur ses plaies leur littérature corrosive, leur vitriol et leurs poisons. A quoi bon d'ailleurs caractériser dans le détail ces hallucinations de la méchanceté humaine? Ce qu'il faut bien comprendre, c'est que l'explosion de ces passions mauvaises n'a pas été aussi soudaine et aussi imprévue qu'on veut bien le dire. Elle n'a surpris que ceux qui n'observent rien : toutes ces passions haineuses se donnaient libre carrière depuis longtemps dans la presse ; tous les programmes s'y étalaient impudemment. On peut bien dire que depuis deux ans il y avait des feuilles qui suaient le crime. Que voulez-vous? Il fallait vivre et bien vivre. Or c'était, paraît-il, la

méthode la plus expéditive pour lancer un journal.
Les bohèmes libérés avaient fait le serment de
ne plus retomber dans le bagne de leur misère ;
c'était à leur bonne ville de Paris de payer à ces
messieurs le luxe de leurs chevaux, de leurs voi-
tures, de leurs maîtresses et de leurs dîners.
Puisque ce genre de littérature lui plaisait, il était
juste qu'elle en fît les frais. Il est bien avéré
maintenant que ces forfaits littéraires et politiques
qui ont jeté l'horreur au milieu de notre civilisation n'étaient pour beaucoup de ceux qui les com-
mirent ou les suggérèrent que l'envers de la question d'argent.

Il ne s'agit dans cette étude que des écrivains
qui passèrent tout d'un coup de la littérature
légère à la révolution radicale ; on laisse de côté
le journalisme politique, où il serait facile de trouver des fanatiques sincères et un délire de bonne
foi. Là au contraire, si le délire arriva plus tard,
ce fut par la lutte et le péril croissant ; au point
de départ, il n'y avait chez la plupart de ces écrivains qu'une idée, celle de s'enrichir aux dépens
des haines populaires. Chez quelques-uns se joi-
gnit à cette passion celle du pouvoir acquis n'importe à quel prix, partagé n'importe avec qui, et
dût-il ne durer qu'un jour. Être à leur tour les
maîtres, faire trembler à leurs pieds cette société
qui les avait si longtemps relégués dans l'ombre,
méprisés comme des envieux et des impuissants,
dominer du haut de ces tréteaux, pris comme un

piédestal, ce Paris superbe dans son luxe et dans son insolence, quelle volupté d'orgueil et quel rêve ! Ce fut un immense accès de fatuité. On se grisa de la toute-puissance qu'une série de fatalités venait de faire tomber aux mains des triomphateurs de la rue, et que ceux-ci laissaient prendre aux plus effrontés. La commune distribua des portefeuilles ! On était donc enfin quelqu'un, plus que cela, quelque chose. On était délégué à un ministère, presque ministre, souverain même, puisque chacun dans sa sphère était un despote irresponsable. On était la force du peuple incarnée, sa fantaisie vivante substituée à toutes les lois, l'émanation de sa souveraineté. On avait tous les droits, y compris celui de vie et de mort; on n'avait aucune charge, pas même celle de rendre des comptes. Les limites de cette souveraineté n'allaient pas très-loin, elles s'étendaient du Point-du-Jour au pont de Bercy; mais enfin c'était tout Paris, incliné devant ces pachas, sortis la veille de quelque bouge ou du coin d'un estaminet ! Quelle revanche pour les humiliations dévorées en silence, pour les larmes versées par l'envie ou les cris de l'impuissance étouffés par la rage! Dans ce genre d'infatuation poussée jusqu'à la démence, c'était un type que ce délégué aux relations étrangères qui, pour en faire accroire au monde et oubliant que le monde finissait pour lui à la banlieue, tentait des échanges de protocoles avec le commandant prussien de Saint-Denis, signifiait

son avénement aux puissances et se faisait féliciter
au *Journal officiel* par des représentants de républiques imaginaires. C'était un type aussi, cet
ancien secrétaire d'Eugène Sue, collaborateur
obscur des *Mystères du peuple*, menant à grand train
le gouvernement de l'instruction primaire, par
laquelle il prétendait moraliser le peuple, et la
rédaction d'un journal qu'il remplissait de ses
publications restées en portefeuille, et dont la
révoltante obscénité complétait l'œuvre de l'admi-
nistrateur : admirable partage de l'homme d'État
entre ses soucis patriotiques et sa sollicitude d'auteur !

L'attrait de ce carnaval et la curée de ce pouvoir
n'avaient pas attiré seulement la littérature légère :
la science et l'art avaient payé leur contingent au
personnel de la haute administration. Quelques
demi-savants, mathématiciens et physiciens de
hasard, officiers de santé, vétérinaires, quelques
dessinateurs incompris et jaloux, un peintre
fou d'orgueil, étaient devenus, selon leur inspiration personnelle ou les vacances du pouvoir,
magistrats, chefs de la police, généraux, maires et
adjoints, comptables, intendants, administrateurs
des beaux-arts. En même temps et de tous les
points de l'horizon, au secours de la Commune en
danger était accourue en noirs bataillons la bohème
féminine, conférencières et journalistes. — Les conférencières ! c'était une industrie nouvelle, inau-
gurée depuis quelque temps à Paris. On avait vu

monter à l'assaut de ces chaires improvisées, dans les salles de spectacles ou de cafés-concerts, en attendant que cela fût possible dans les églises, d'étranges personnages d'un talent plus que douteux, d'un sexe incertain, accueillis avec plus de curiosité que de sympathie par cette population, bien indulgente pourtant quand on offre un attrait à son ennui blasé. Étaient-ce des femmes, ces orateurs qui venaient nous parler si librement de l'amour libre et réclamer d'une voix si aigre les droits que le despotisme masculin refuse au sexe faible : le droit à la passion, le droit à l'émancipation définitive, le droit à la vie politique? Oui, c'étaient bien des femmes, on nous l'assure, et je consens à le croire ; mais on ne peut rendre l'impression maussade que produisaient l'écho de ces lamentations effrontées sur un esclavage dont elles étaient la vivante et désagréable négation, le spectacle de ces attitudes d'improvisation simulée, ces contorsions d'une inspiration sibylline dont on avait étudié les effets dans un miroir, ces gestes aigus, tout cet appareil d'un bavardage prétentieux et superficiel, impertinent et banal, dont justice fut bientôt faite par les sifflets du public. Malheureusement les victimes de ces brutalités des hommes eurent leur revanche, et l'Hôtel de ville devint leur proie. De gré ou de force, il fallut leur céder une partie du pouvoir, et la conférencière put croire un instant qu'elle allait régner. Sa parole et sa plume se mirent bruyamment au service de l'insurrection, sa parole tous les soirs dans la chaire des églises envahies, sa plume tous les matins dans les gazettes créées pour la circonstance. On connut enfin la *journaliste communeuse,* c'était la plus acharnée à la vengeance. Nous ne citerons pas ces appels au crime. Le plus maltraité dans ces feuilles absurdes, c'était M. Thiers. Il y est invariablement représenté comme un buveur du sang et des sueurs du peuple. Ah ! les sueurs du peuple ! en a-t-on assez abusé dans ces derniers temps, et comme on les a follement dissipées ! Elles sont saintes et fécondes quand elles arrosent l'outil aux mains de l'ouvrier ou la charrue sur le sillon ; mais comme elles sont stériles, ridicules et impies, quand elles tombent sur le journal incendiaire ou sur la tribune du club !

L'émancipation de la femme, c'était la bonne nouvelle, l'évangile de ces dames, les mères de l'église de la Commune. Cela marchait de pair avec l'émancipation du prolétariat, et ne laissait pas d'étonner les naïfs, qui avaient cru jusque-là que les femmes et les prolétaires s'étaient suffisamment émancipés eux-mêmes. « Il faut pourtant raisonner un peu, écrivait une de ces dames, croit-on pouvoir faire la révolution sans les femmes ? Voilà quatre-vingts ans qu'on essaye, et qu'on n'en vient pas à bout. La première révolution leur décerna bien le titre de citoyennes, mais non pas les droits. Elle les laissa exclues de la liberté, de l'égalité. Repoussées de la révolution, les femmes retournèrent au catholicisme... Entre leur hostilité et leur dévouement, il faut choisir. Quelques-unes sans doute, méprisant l'obstacle, fortes et convaincues, persistent malgré les dégoûts; mais ces *natures-là sont rares!* » Je regrette que Proudhon ne soit plus parmi nous pour traiter de la belle façon *ces natures-là.* Il les avait devinées dans un de ses derniers livres, et flagellées avec une verve d'invectives qui avait fait de cette fustigation une exécution immortelle. Vraiment ces belles *natures* ne sont pas rancunières. Elles passent par les verges de tous les apôtres du socialisme, et semblent les adorer en proportion des coups qu'elles reçoivent. Toutes, plus ou moins, ressemblent à la Martine de Molière: que voulez-vous, si c'est leur plaisir d'être battues? Tout récemment encore n'ont-elles pas subi en silence cette foudroyante apostrophe de M. Bebel, une espèce de grand prêtre du socialisme allemand? « Quant à la femme, à de très-rares exceptions près, elle ne peut servir à la reconstitution de la société. Esclave de tous les préjugés, atteinte de toute sorte de *maladies* morales et physiques, elle sera la pierre d'achoppement du progrès. Avec elle, il faudra employer *au moral certainement, au physique peut-être*, la raison péremptoire envers les esclaves de vieille race: le bâton! » Assurément tout le monde estimera que M. Bebel manque de mesure autant que de galanterie; mais, quand on voit en quelle estime la femme est tenue par

Proudhon et par M. Bebel, il est beau de sa part, et c'est faire preuve d'une rare générosité, de se vouer au culte de la révolution, dont elle n'obtient que le mépris en attendant le bâton.

Bohème que tout cela! bohème recrutée au hasard dans la littérature et dans la science, dans toutes les conditions, tous les âges et tous les sexes. Nous avons vu paraître ce phénomène qu'il était réservé à notre civilisation de produire : le monstre lettré, homme ou femme, mille fois plus compliqué que Théroigne de Méricourt ou que Marat. Comment des intelligences cultivées, sensibles aux jouissances de l'art, aux raffinements mêmes de l'esprit, ont-elles pu se porter à ces égarements de la raison, à ces férocités? Il y aura là un sujet d'étude pour le physiologiste, l'aliéniste, aussi bien que pour le psychologue futur. On y démêle à la fois un phénomène morbide et un phénomène moral dont l'étude parallèle mérite d'être tentée. Ce sera un trait bien étrange de ce temps que le souvenir de ce voluptueux coquin en qui se mêlaient Fouquier-Tinville et le marquis de Sade, et qui, au moment d'aller exécuter les otages, plaisantait avec tant de présence d'esprit sur les générations spontanées. « Elles rendent la création complétement inutile, disait-il, et Dieu, s'il existait, ne serait bon qu'à fusiller. » Celui-là était un aimable pédant de science. — Ce sera aussi une parole à recueillir, et qui a bien son prix, celle d'un des plus jeunes et des plus élégants despotes de la Commune qui, au moment où il passait avec ses gardiens devant les restes de l'incendie, parmi les cris de fureur des malheureux rassemblés autour de leurs maisons en ruine, s'étonnait d'un pareil accueil et s'en plaignait amèrement. — Eh quoi! le confondre avec les brigands, lui un lettré, lui un artiste! — Cela ne rappelle-t-il pas le *qualis artifex pereo* de Néron au moment où il vit briller le glaive de son affranchi?

III.

Sous quelles influences la bohème en est-elle venue à ce degré de perversion intellectuelle et morale? Quelles sont les causes qui ont surexcité jusqu'au délire, jusqu'au crime, ces vanités d'abord inoffensives, puis envieuses, à la fin démoniaques? Il y a eu là des responsabilités d'origine et de nature très-diverses, parmi lesquelles il convient de faire une grande place aux influences littéraires. C'est jusqu'à elles qu'il faut remonter pour expliquer cette transformation d'aventuriers de la littérature en aventuriers de la politique, prêts à tout pour tenter l'assaut de la richesse ou du pouvoir. On trouve dans l'œuvre oubliée de l'un de ces malheureux un chapitre qui porte ce titre: *les Victimes du livre.* Il commence à peu près ainsi: « Cherchez la femme, disait un juge. C'est le volume que je cherche, moi, le chapitre, la page, le mot... Joie, douleurs, amours, vengeances, nos sanglots, nos rires, les passions, les crimes, tout est copié, tout. Pas une de nos émotions n'est franche: *le livre est là...* Combien j'en sais, de ces jeunes gens, dont tel passage, lu un matin, a dominé, défait ou refait, perdu ou sauvé l'existence! Souvent, presque toujours, la victime a vu de travers, choisi à faux, et le livre la traîne après lui, faisant d'un poltron un crâne, d'un bon jeune homme un mauvais garçon, d'un poitrinaire un coureur d'orgies, un buveur de sang d'un buveur de lait, une tête pâle d'une queue rouge... Balzac par exemple, comme il a fait travailler les juges et pleurer les mères! Sous ses pas, que de consciences écrasées! Combien parmi nous se sont perdus, ont *coulé*, qui agitaient au-dessus du bourbier où ils allaient mourir une page arrachée à *la Comédie humaine!* On ne parle que par millions et par ambassades là dedans... La patrie tient entre les mains de quelques *farceurs, canailles à faire plaisir,* spirituels à faire peur, qui allument des volcans avec le feu de leur cigare, écrasent vertu, justice, honneur, sous la semelle de leurs bottes vernies... Que j'en ai vu de ces *grands hommes de province à Paris!..* Combien on en a reconduit de brigade en brigade, de ces *illusions perdues!* Les plus heureux jouent au La Palférine dans les escaliers de ministères, les antichambres de financiers, les cafés de gens de lettres, et font des mots, n'ayant pu faire autre chose! Ils attendent l'heure de l'absinthe après avoir laissé passer celle du succès[1]. »

C'est l'horrible vérité. Les derniers événements nous ont montré plus d'un La Palférine qui, las d'attendre l'heure du succès, l'a brusqué; on l'a vu traiter la fortune en créancier impatient. Qui pourrait hier que l'auteur de *la Comédie humaine* ait créé une émulation funeste autour des types tristement fameux qu'il a consacrés? Les jeunes générations littéraires ont ressenti son influence dans leurs idées et leurs passions les plus secrètes. Il a été assurément un des agitateurs les plus puissants de l'imagination et des convoitises contemporaines. On a dit avec une parfaite justesse que personne n'a fait faire autant de rêves d'or et de volupté aux jeunes gens et aux femmes. Parcourez tous les cercles de cet enfer social dont Balzac serait le nouveau Dante. Quelle puissance dévore tous ces visages de damnés qui s'agitent, qui hurlent dans ce tourbillon de Paris? La passion, et, selon Balzac, la passion moderne se résout dans ces trois mots : la richesse et le pouvoir, qui sont le moyen, le plaisir, qui est le but. Que de jeunes cervelles il a troublées par ces mirages d'une fortune soudaine ou d'un ministère invraisemblable! Combien ont cru voir se réaliser cette féerie, ce

1. *Les Réfractaires.*

mirage, le jour où la Commune est née! Si Lucien de Rubempré avait attendu l'aurore de ce beau jour, et s'il ne se fût pas tué stupidement dans une heure de désespoir, sa fortune était faite. Lui aussi aurait pu être général, délégué aux finances (quel rêve!) ou chargé des affaires étrangères! Il a été bien maladroit de quitter si vite une si belle terre, un Paris encore si riche, une république de Cocagne!

Le roman moderne a donc sa part et une lourde part dans la responsabilité des derniers événements. Les exemples qu'il a donnés d'élégante friponnerie et de dépravation spirituelle ont ébloui et fasciné nombre d'esprits faibles que protégeait mal contre leurs propres penchants l'incertaine moralité de la société et du temps où nous vivons. Beaucoup de ces malheureux qui n'ont fait leur éducation morale que dans ces livres se sont conduits à travers le monde réel comme ils l'eussent fait dans le monde de ces fictions grossières et corruptrices. Ils se sont dit qu'ils feraient leur chemin dans la vie, et qu'ils tourneraient l'obstacle, s'ils ne pouvaient le surmonter en face. « Il faut entrer dans la société comme un boulet de canon, ou s'y glisser. » Ils étaient bien résolus à s'y glisser, s'ils n'étaient pas les plus forts. L'essentiel était de se faire une place à tout prix. Quand on n'est pas le plus fort, il faut être le plus fin. Cela n'empêche pas de profiter de toutes les occasions qui peuvent s'offrir, et, s'il se livre un assaut contre la société régulière, s'il se tente une escalade du pouvoir, de se mêler au groupe des audacieux aussitôt qu'ils ont réussi, — de crier victoire plus haut qu'eux à la fenêtre de l'Hôtel de ville en agitant le drapeau rouge.

Une autre influence avec laquelle il faudra compter dans l'histoire morale de ces derniers temps est celle des singulières philosophies qui avaient envahi et dominé la bohème littéraire. Pour les désigner de leur vrai nom et sans politesse inutile, c'était l'athéisme. A Dieu ne plaise que je transporte les questions qui divisent les philosophes sur le terrain de la politique, et que je fasse à une doctrine raisonnée l'injure de croire qu'elle dût être un jour la philosophie officielle de la Commune! On ne peut nier pourtant que les collaborateurs futurs du 18 mars, ses amis de différentes catégories n'eussent adopté depuis plusieurs années certaines théories qui s'annonçaient bruyamment dans leurs feuilles et dans leurs livres. Une nuée de petits journaux prétendus littéraires paraissant et disparaissant à divers intervalles et cachant sous différents noms la même rédaction monotone, la même doctrine mille fois ressassée, avait précédé la grande œuvre qui s'avançait à pas lents et graves, l'*Encyclopédie* de la nouvelle école. Là, sous les auspices d'un personnage trop fameux, le capitaliste de la secte, à la fois banquier, éditeur et pontife, s'étaient groupés les fortes têtes de l'école, les penseurs, tous ceux qui avaient poussé assez loin leurs études pour manier impunément de dangereuses formules. Réunis aux enfants terribles du positivisme, aux enfants perdus de la science expérimentale, ils formaient un bataillon nombreux, préparé aux luttes intellectuelles en attendant l'heure des luttes politiques. Parmi les écrivains qui jouaient dans cette nouvelle encyclopédie les grands rôles de l'ancienne, préludant de la même façon à une rénovation sociale par une rénovation des idées, on n'aurait que l'embarras du choix pour retrouver les magistrats, les édiles, les titulaires des grands emplois de la future Commune, et même ceux de la république socialiste, cantonnée depuis le 4 septembre dans quelques municipalités de Paris. De cette volière massive, presque monumentale de l'*Encyclopédie*, l'on vit s'échapper tout d'un coup un essaim de gros oiseaux de proie, d'assez vilains oiseaux de nuit d'allure équivoque et de vol suspect, qui s'abattirent sur nos principaux édifices pour y établir leur nid et y nourrir à nos frais leur maussade famille. J'excepte, bien entendu, de cette triste histoire quelques beaux esprits, dilettantes de l'athéisme fourvoyés par imprudence dans cette désagréable compagnie, et qui s'en retirèrent avec le plus louable empressement dès que se montra la cocarde rouge cachée jusque-là sous l'enseigne de la doctrine. Ils avaient pensé faire de la science pure ; ils désertèrent au plus vite devant une politique qui ne l'était pas.

Pour les autres, ce fut différent. Nos nouveaux Diderot, nos d'Alembert, n'étaient décidément à comparer à leurs devanciers ni pour le talent, qui était médiocre, ni pour la doctrine, qui était détestable, ni pour le désintéressement, qui était nul. Les plus élevés en grade passèrent sans transition des bureaux de l'*Encyclopédie* à des bureaux plus lucratifs; on dit qu'il y en eut d'un beau rapport. Ainsi se manifestait, à l'occasion, cette providence spéciale qui favorise les sectateurs de la doctrine en ce monde pour compenser les félicités de l'autre, auxquelles ils ont renoncé en faisant profession entre les mains du grand prêtre de l'athéisme.

L'enseignement de cette école ne resta point à l'état purement théorique, enfermé dans les feuilles spéciales que personne ne lisait ou dans ce monument encyclopédique où peu de clients avaient pénétré. Il descendit avec des allures plus vives, plus dégagées, dans les journaux politiques du parti et jusque dans les clubs populaires; mais là il ne put paraître avec avantage qu'à la condition de se transformer. Ce n'était plus un physicien prétendu qui venait nous donner le dernier mot de la science expérimentale, comme s'il était en son pouvoir de le faire, — ni un professeur d'athéisme dissertant sur le ridicule des causes premières ou le néant des causes finales, ni un médecin raisonnant sur les conditions physiologiques des phénomènes qu'on appelle l'âme, ni un

chimiste nous faisant toucher au doigt l'éclosion
de la vie sans aucun recours à l'hypothèse qu'on
appelle Dieu, — ni même un critique discourant
sur la quantité de bile ou de sang qu'il faut pour
faire un poëme, un drame ou un sermon. Pure
pédanterie. Ces lourdes doctrines, passées au creuset de l'esprit parisien, s'évaporèrent en je ne sais
quelle nuée légère qui fondit sur la presse en un
déluge de fines ironies et de traits acérés contre les
vieilles croyances, les vieilles superstitions, les
Prudhommes de la philosophie et les dieux démodés. Tout cela tombait dru comme grêle et perçant
comme l'acier, bouleversant l'ancien monde et faisant place nette au nouveau. Ce fut un grand régal
pour les badauds. On n'avait jamais vu traiter de
si cavalière façon de si graves sujets et de si vieilles
gens. Nous avions eu, dans la génération précé-
dente, les héros du roman de cape et d'épée;
nous eûmes dans celle-ci les mousquetaires de l'in-
crédulité. Du reste ils n'avaient pas dégénéré;
ils étaient bien de la même race, fanfarons, gas-
cons, quelque peu charlatans. Il n'y avait pas là
encore de grands dangers. Soit; mais descendez
de quelques échelons dans la hiérarchie des journaux et des esprits, vous verrez ce que va devenir
cette raillerie, cette jactance d'impiété contre tout
ce qu'on était habitué à croire ou du moins à respecter. J'ai suivi avec une curiosité attristée cette
dégradation de la même idée depuis la littérature
des cercles élégants jusqu'à celle des bouges où

elle vient expirer sous la forme de quelque feuille populacière avant de tomber dans la hotte du chiffonnier ; je l'ai suivie dans sa triste odyssée à travers les journaux les plus variés d'origine, de nuance et de format, jusqu'au *Père Duchêne*. Du scepticisme raffiné à l'injure grossière, il y a moins loin qu'on ne le croit, et les étapes sont bien vite franchies. Jamais on n'avait si perfidement et sous des formes si diverses travaillé à démoraliser le peuple, à détruire en lui toute foi, tout idéal, à faire le vide dans son âme inquiète, sans savoir comment la remplir, si ce n'est d'appétits et de jouissances malsaines. Un autre péril a été révélé par les événements, qui ne nous ont épargné aucune leçon. A force de railler les croyances, on finit par en déshonorer les représentants les plus dignes de respect et par les dénoncer au mépris d'abord, puis à la fureur de la foule. Comment serait-il possible qu'il en fût autrement? Les parties vulgaires de l'humanité ne peuvent pas entrer dans ces fines nuances où se complaisent les raffinés; elles ne prennent dans toutes ces polémiques, dont l'écho descend jusqu'à elles, que les dernières conclusions, les plus palpables, les plus matérielles, si je puis dire, celles mêmes que les esprits d'un certain ordre n'osent pas tirer de leurs prémisses. La traduction populaire est immédiate, grossière, irrésistible. Une fine critique tend à discréditer les croyances comme l'œuvre combinée des rois et des prêtres en vue d'asservir les peuples. Prenez garde, voici que derrière vous s'avancent des écrivains d'un autre tempérament qui, au lieu de procéder par la raillerie, procèdent par l'outrage. La terreur par la parole des journaux ou des clubs annonce et appelle l'autre terreur. De vos ironies, on a fait des insultes; après les insultes, les poignards ou les coups de fusil. Dans l'exécution des otages de la Roquette, qui pourra jamais mesurer la part des responsabilités littéraires?

C'est parmi les influences de ce genre que l'on doit placer l'éducation révolutionnaire que la bohème avait reçue, et qui faisait tout le fond de sa science politique. A cet égard encore, nous pourrions recueillir de curieux aveux. « Notre génération, disait l'un de ces tristes héros, n'a pas été avare de son sang! Sur la route où nous hésitons a passé un peuple de courageux, et dans les cimetières qui bordent l'arène est couché un bataillon de martyrs... Eh bien! si l'on déterre les morts, combien qui s'étaient jetés dans la mêlée, grisés par l'odeur chaude de certains livres, *Histoires de la Montagne*, des *Girondins* ou de *Dix ans!* Dès à présent, je l'affirme, tous, presque tous ces chercheurs de dangers, tribuns, soldats, vainqueurs, vaincus, ces martyrs de l'histoire, ces bourreaux de la liberté, c'étaient des victimes du livre! » On le voit, nous ne donnons rien à l'hypothèse dans la recherche des causes qui ont amené de si terribles effets; nous laissons parler

les témoins : le cri des victimes a un accent inimitable.

Cette liste tracée à la hâte, d'un crayon fiévreux,
est évidemment incomplète ; mais l'indication
générale subsiste, elle est exacte, nous pouvons la
suivre. Il y aurait d'ailleurs à remonter bien haut
dans l'histoire de notre éducation nationale pour
retrouver les origines des sentiments révolutionnaires confondus dans notre esprit avec les premières impressions intellectuelles que nous avons
reçues. Nous ne savons un peu (et encore nous
les savons mal) que deux sortes d'histoire : celle
de l'antiquité classique et celle de la révolution
française. Tout le reste s'est graduellement effacé ;
mais ces deux groupes d'événements et de personnages se meuvent et vivent dans notre imagination ;
ils se détachent avec un étonnant relief sur un
fond vague de notions éteintes et de souvenirs
languissants. Les héros des républiques antiques
se mêlent à ceux de notre récente histoire ; c'est
une sorte de compagnie illustre qui hante nos
esprits dans des attitudes choisies, avec des discours sublimes sur les vertus républicaines, sur la
liberté, sur la patrie. Tout y est grand, plus grand
que nature ; tout y est surhumain par les sentiments exaltés, par la fierté indomptable, par le
langage, où l'homme s'efface sous le héros ; tout
cela est éclairé d'une lumière trop brillante et
placé dans une perspective d'immortalité. C'est un
monde légèrement surfait, quelque peu déclama-

toire, qui ne ressemble à rien de ce qui a réellement existé, résultat de notre éducation classique
combinée avec les fictions dont la révolution française a fourni le thème inépuisable. Voilà le fond
de l'enseignement politique, tel que la plupart des
bohèmes l'avaient apporté du collège et des écoles
dans les luttes âpres de la vie, parmi les tentations
ardentes de la société moderne, dans le conflit de
leur misère avec la richesse étalée de toutes parts,
avec le pouvoir dont le prestige brûlait leurs yeux
et attirait invinciblement leurs rêves. Toute étude
sérieuse des conditions de l'existence sociale, du
progrès des peuples et du prix auquel il s'achète,
toute méditation approfondie sur les lois véritables
de l'histoire, l'inanité de certains grands mots, la
vanité de certaines formules, ou sur les crimes
trop réels déguisés sous des noms pompeux, tout
cela leur était étranger. L'histoire judicieuse, véri-
dique, fortement motivée de la révolution n'était
pas faite pour leur plaire ; ils se souciaient médiocrement de l'enseignement des maîtres qui l'ont
ramenée à la vraie perspective en réduisant les
hommes à de justes proportions. Il leur fallait
plus de fantaisie, c'est-à-dire plus de mensonge.
Ce n'était pas le drame des idées qui attirait leurs
esprits vains et faibles ; c'était le tumulte des faits,
l'agitation des places publiques, les scènes de la
Convention, les épouvantes de la Conciergerie ;
moins que cela, l'appareil théâtral, la mise en
scène, les écharpes, les panaches, la défroque des

acteurs, les harangues et les disputes, l'emphase et les injures ; c'était aussi la partie romanesque, les élévations soudaines et les renversements de fortunes, les splendeurs et les ruines passant comme dans un rêve éblouissant et sinistre, d'où se dégageait à leurs yeux la *grande idée* illuminée par les feux de Bengale de la poésie et de la rhétorique, aperçue de loin comme dans une apothéose.

Notre génération a été nourrie de ces spectacles, de cette fantasmagorie, où la révolution française fait la figure d'un drame à décors et à grandes phrases. Qui donc a caressé ces imaginations frivoles en les repaissant d'un faux idéal à propos de ces événements et de ces hommes que le plus simple devoir était de ramener à la mesure de la moralité humaine? Qui donc a exalté cet enthousiasme maladif d'esprits violents et faibles pour une époque où de si grandes, de si nobles aspirations furent si follement compromises, si tristement souillées, pour une époque enfin qu'il faut craindre de flatter de peur de devenir le complice de crimes inexpiables dans le passé ou d'imitations funestes dans l'avenir? La réponse est sur toutes les lèvres. Nous les connaissons ces poëtes et ces rhéteurs qui ont transfiguré comme à plaisir cette histoire pour avoir le droit de la glorifier par des dithyrambes sans fin ou par des amnisties sans réserves. Voilà les vrais coupables.

Ainsi s'est créée parmi nous la religion, c'est

trop peu dire, l'idolâtrie de la révolution, infaillible, impeccable, immaculée : c'est un culte soutenu par l'imagination plus encore que par la passion. La révolution a ses théologiens, elle a ses mystiques et ses dévots, elle a même ses tartufes, ce qui complète une religion. Tout est saint, tout est sacré en elle; le rite par lequel on l'honore, c'est de l'imiter de point en point. On reproduit avec une laborieuse exactitude sa rhétorique pompeuse et les brusqueries de son langage, ses grandes phrases et ses gros mots, les attitudes et les gestes de ses personnages. Trop heureux ceux qui, à force de soins et d'études, sont parvenus à ressaisir quelques traits de ces types consacrés ! Chacun veut se tailler un rôle dans cette histoire, et détacher de la grande toile quelque figure dans laquelle il essayera de s'introduire. Vous avez naguère entendu Camille Desmoulins : c'était presque sa désinvolture et sa cruelle impertinence, — c'était tout lui, moins la meilleure part, ses accès de sensibilité vraie et ses beaux mouvements d'âme. Vous avez frémi en reconnaissant la grande voix de Danton : oui, vraiment, c'était sa voix, c'en était la sonorité et l'éclat; il y manquait la foudre, l'avocat perçait sous le tribun. Marat, nous l'avons vu passer, il y a quelques jours, sur la scène que le sinistre acteur a de nouveau inondée de sang; mais le vrai Marat aurait horreur de celui qui faisait son personnage, et qui a réussi, grand Dieu ! à diffamer Marat. Celui-ci dénonçait et poursuivait ses victimes, il ne les exécutait pas. Barrère, je l'ai rencontré hier; c'est toujours le révolutionnaire à la langue mielleuse, artiste en palinodies, prêt à monter son âme mobile à la note de tous les événements. Tout cela ressemble à une mascarade sanglante, à quelque lugubre et atroce plaisanterie. Parodie misérable! c'est 93 moins la conviction ardente, un 93 tout artificiel, et, puisqu'il est convenu que la terreur a été une religion, disons que la terreur qu'on a voulu rééditer devant nous était plus monstrueuse et plus criminelle que l'autre, car c'était une religion sans la foi.

On a joué avec ces terribles souvenirs, on a essayé de les transporter dans notre histoire. Ce que cet essai nous a coûté, nous le savons maintenant, et ce qui fait horreur dans ce jeu sinistre, c'est de penser que ce n'était qu'un jeu. En avons-nous fini au moins avec ces parodies? Il faudrait en finir d'abord avec cette littérature théâtrale qui a enflammé tant de jeunes cervelles, et leur a imprimé l'idée fixe de recommencer ce temps, ces événements, ces hommes. Proscrivons à tout prix par la discussion, par la critique, par le mépris, cette école insensée qui fait de la révolution non plus un moyen, mais un but, son propre but à elle-même, comme une autre école, qui s'est ralliée à celle-ci dans ces derniers temps, faisait autrefois de l'art pour l'art. Deux niaiseries qu'on nous donne pour également sublimes, mais qui

sont inégalement graves par leurs conséquences :
l'une n'exposant que ses adeptes et ne les exposant qu'aux sifflets du public, l'autre comprome-
tant le public lui-même et ensanglantant les rues.
Il faudrait aussi atteindre une autre forme du
même mal, démasquer sans pitié tous ces courtisans et ces flatteurs de la puissance populaire,
non moins funestes que ceux des cours, qui ne
cessaient dans leurs journaux, dans leurs livres,
dans les conférences, dans les clubs, d'exalter le
peuple, le noble peuple, le généreux peuple, et de
le griser de leurs vaines louanges partout où ils
peuvent entrer en communication avec son *cœur
héroïque*, avec sa *grande âme* : adulation fatale qui
n'a pas contribué médiocrement à démoraliser la
foule en la persuadant de l'infaillibilité de ses
passions. On accuse l'empire d'avoir fait de la
mauvaise démocratie, du socialisme honteux. Des
lois comme celles sur les coalitions et sur les
livrets, plusieurs autres encore, purent compro-
mettre gravement l'ordre moral dont l'ordre matériel dépend. Tout cela est possible; mais ce qui est
certain, c'est que, si l'empire a trop donné à la
mauvaise démocratie, il n'en profita guère. Ceux
qui en profitèrent, ce furent ceux-là mêmes qui
avaient fait concurrence à ce jeu dangereux du
pouvoir en allant plus loin que lui dans cette voie
fatale, les révolutionnaires de profession, les chefs
des irréconciliables qui triomphèrent par ces
fautes après les avoir partagées. Il est vrai que la

logique des événements en a cruellement châtié quelques-uns en les amenant de faute en faute à cette dure nécessité de fusiller leurs électeurs : triste lendemain de tant d'ovations populaires!

Des idées et des exemples tombés de si haut, une éloquence théâtrale tant applaudie, les spectacles changeants de la politique, voilà ce qui aurait perdu la bohème, si déjà elle n'avait incliné par ses propres vices vers la pente qui conduit aux abîmes. Soyons sévères pour elle, il le faut; mais la justice veut que la responsabilité soit partagée avec de plus illustres personnages qui avaient fait alliance avec elle et ses journaux, lui prodiguant les plus fins sourires, les plus délicates flatteries, engagés dans un commerce de louanges et de coquetteries avec ces fous, qui, tout fiers d'être pris au sérieux, célébraient ces grands citoyens et leur ouvraient la voie triomphale.

Quelle part aussi, pour être juste, faudrait-il faire à ces influences dans ce funeste esprit d'indiscipline que les journaux de la bohème semaient dans les rangs de l'armée, préparant ainsi nos défaites devant l'étranger et la défaillance de quelques bataillons au jour de la guerre civile? Ce fut une active propagande et une contagion fatale. On s'en repent maintenant; il est bien tard. Recueillons pourtant ce précieux témoignage; il vient d'une bouche qui ne sera pas suspecte : « Dans ce désastre de la société qui s'écroule, vous êtes, vous, l'armée, les représentants de la seule force,

la force morale dont nous avons tant besoin pour
nous refaire. La France se meurt d'indiscipline
après que pendant longtemps nous l'avons vue
mourir de servitude. Eh bien ! vous êtes la discipline vivante... Et j'entends ce mot dans son sens
le plus régénérateur, le plus humain, le plus
efficace... Nous avons pendant quinze ans attaqué
l'armée, nous nous sommes moqués d'elle sur
tous les rhythmes et sur tous les tons. Je vous en
demande pardon. Nous sommes des railleurs ;
nous avons voulu distribuer le ridicule, et c'est à
nous qu'il a été infligé. Nous avons raillé la patrie,
raillé l'armée ; encore une fois je vous en demande
pardon en mon nom et au nom du parti. » Tenons
compte et prenons acte de ces repentirs oratoires
qui abondent aujourd'hui à la tribune ou au barreau. Ils prouvent au moins que la popularité
s'est retournée dans un autre sens, dans le sens
de la raison et du bon sens, et que nos illustres
pénitents commencent à s'en apercevoir ; mais il
y a deux ans à peine quelle verve d'épigrammes,
quelles railleries contre ces vieilles idoles du cœur
français, la gloire, l'honneur militaire, le drapeau,
la patrie ! Les hommes de 93 avaient ce grand
avantage sur les pâles comédiens qui ont prétendu
les recommencer : leur âme brûlait de patriotisme. Où pouvait-on retrouver trace de cette
flamme sacrée dans l'âme froide et légère des jacobins modernes ? La patrie, eux-mêmes le disaient
aux applaudissements des cafés ou des clubs, la

patrie, c'était un poteau gardé par un douanier!
Il ne faut pas s'étonner si quelques-uns des soldats qui avaient recueilli les échos de ces discours
s'en souvinrent plus tard.

Tout cela, c'est notre histoire d'hier. Ajoutez à
ces influences diverses la complicité d'une bourgeoisie frondeuse qui applaudissait, sans prévoir
la fin, à cette œuvre de démolition sociale; joi-
gnez-y l'indifférence profonde d'une société tout
absorbée dans les affaires, l'argent et les plaisirs,
sans souci du reste, et au-dessous de cette surface
déja minée les passions ardentes de quelques fanatiques qui creusaient l'abîme où nous avons manqué périr, d'accord avec les appétits surexcités des
multitudes et la conspiration de l'*Internationale* :
vous ne vous étonnerez plus de la profondeur de
notre chute, ni de l'étendue des ruines qui
couvrent le sol de la France.

Les ruines matérielles se relèvent vite; mais
pour les ruines morales il faut un plus grand et
plus difficile effort. Sachons au moins mettre à
profit cette terrible leçon. Nous avons appris qu'on
ne joue pas impunément dans ce pays avec les
phrases révolutionnaires. Ce jeu peut se prolonger
sans grand péril chez d'autres nations, pas en
France. Nous avons vu quel mal nous ont fait ces
écrivains voués à une détestable propagande par
légèreté d'abord, puis par envie et par haine;
nous avons pu mesurer les effets de cette littérature satanique tombant sur des populations igno-

rantes et nerveuses comme la nôtre. Il y a dans cette race une incroyable faculté d'application du mal ; à peine a-t-il germé dans quelques cerveaux malsains, déjà il fait effort pour se réaliser au dehors. Chez les autres peuples, jusqu'à présent du moins, il peut rester indéfiniment à l'état de théorie, dans une sphère d'idéalité perverse ; chez nous, dès que la contagion nous a gagnés, il cherche une issue, une application immédiate, et la trouve presque toujours. Ces paradoxes venimeux et cruels, ces insultes odieuses, cette diffamation enragée, c'étaient pour les chercheurs de succès quelques louis dans leur bourse, un peu d'encre sur du papier blanc ; mais cette encre devenait le lendemain du sang sur le pavé des rues ; après-demain, c'était un flot de pétrole dans nos maisons. L'idée mauvaise, le blasphème social se change aussitôt en poignard, en torche incendiaire aux mains de la foule. On dirait que dans le tempérament français la vibration nerveuse produite par une image d'orgie ou de sang qui passe dans le cerveau a son contre-coup immédiat dans une contraction musculaire qui lance le crime. Dans les temps profondément troublés, il n'y a pas d'intervalle sensible entre ces deux phénomènes.

La moralité de cette étude, ce sont les événements eux-mêmes qui se sont chargés de la dégager. Une des conditions les plus essentielles de cette régénération de la France à laquelle tout le monde aspire, plus essentielle même que la forme

des institutions qui doivent nous régir, c'est que
la littérature et la presse se reconstituent par le
sérieux de la pensée, par le travail, par la dignité
de la vie, par le respect réciproque des écrivains
entre eux et surtout par le respect absolu des
idées; mais pour cela il faut évidemment qu'il n'y
ait plus de confusion possible entre les idées
saines, libérales, qui représentent la civilisation
par la liberté et la justice, et les idées fausses,
antisociales, qui représentent le retour à la barbarie par l'arbitraire, la violence et le crime. Pour
cela enfin, il faut bien se garder à l'avenir d'idéa-
liser sous les mots charmants de fantaisie, de vie
indépendante et d'art libre, ces désordres de
mœurs et de cerveau, ces passions malsaines qui
ont jeté hors de leurs voies et perdu sans retour
plus d'un talent que la nature avait créé pour
faire des vaudevilles ou des paysages et non des
révolutions.

LA VRAIE ET LA FAUSSE DÉMOCRATIE

—————

L'ÉCOLE LIBÉRALE
ET L'ÉCOLE RADICALE. — CONCLUSION

Je voudrais ramener à la hauteur d'une question philosophique nos dissensions intestines et marquer d'un trait décisif les divisions d'opinion et de parti entre lesquelles s'agitent la France et notre avenir. Il me paraît avéré aujourd'hui que la question qui est posée devant nous est bien moins celle de la forme du gouvernement qui doit triompher que celle des deux écoles ou plutôt des deux races d'esprits opposés qui se partagent la politique contemporaine. Qu'il s'agisse de république ou de monarchie, c'est le point secondaire. L'essentiel est de savoir qui triomphera dans cette grande lutte engagée, des principes et des instincts de l'école libérale, ou de la forme impérieuse d'idée et de caractère que porte dans la discussion ou la vie publique la race funeste des radicaux et des sectaires.

I.

Que ce soit un bien ou un mal, un simple fait accompli ou un droit réalisé, aujourd'hui la France est une démocratie. Sans doute il subsiste encore chez nous bien des vestiges et des débris des régimes anciens. Que la forme du gouvernement actuel ou des gouvernements futurs ne soit pas celle qui réalise dans toute sa rigueur l'idéal démocratique, que l'élection populaire ne dispose chez nous ni des pouvoirs administratifs, ni des pouvoirs judiciaires ; qu'une armée permanente et un état-major considérable perpétuent dans notre pays l'esprit militaire parallèlement avec l'esprit civil, on ne peut le nier davantage ; enfin que l'opinion et les mœurs impliquent une foule de contradictions manifestes avec les instincts ou les vertus des sociétés démocratiques, nous le reconnaissons sans peine. Tout cela est la part plus ou moins grande à faire en toute chose à l'élément humain, variable et complexe, et à l'élément historique, à la tradition, à la force des influences accumulées de la race et du temps. Il n'en est pas moins vrai que la démocratie existe partout où la souveraineté du peuple est reconnue en droit comme en fait, partout où l'intérêt du plus grand nombre est placé sous la garantie de la volonté du plus grand nombre, partout enfin où le gouvernement du pays est aux mains des gouvernés. Ce sont les marques infaillibles auxquelles on reconnaîtra que la démocratie est fondée, je ne dis pas organisée. L'organisation peut en être plus ou moins difficile, elle peut avoir besoin d'un temps plus ou moins long pour se mettre en harmonie avec le principe ; mais le principe règne dès que la nation est reconnue comme la source exclusive du pouvoir, et que la participation de tous au gouvernement du pays est assurée. Or c'est ce qui existe en France par le seul fait du suffrage universel. Quel que soit sur certains points le désaccord de nos institutions et de nos mœurs avec le principe, quelques regrets que le passé inspire, quelques défiances que l'avenir excite dans certains groupes fort importants de la société française, il n'y a plus, à cette heure, d'autre maxime de notre droit public ni d'autre origine des pouvoirs politiques que la volonté nationale.

Il ne s'agit point de se demander, avec les scrupules d'une conscience byzantine, si la démocratie est chez nous un fait accompli, ou en train de s'accomplir, mais de se rendre compte, avec une intelligence virile, des conditions nouvelles qui nous sont faites et du meilleur parti que nous devons en tirer pour le profit de tous et le progrès de chacun.

N'y a-t-il qu'une seule espèce de démocratie, et, s'il y en a plusieurs, à laquelle la France doit-elle attacher ses préférences? De quel côté doit-elle tourner ses efforts et ses vœux? Que doit-elle faire pour se prémunir contre certaines tendances inhérentes à l'esprit démocratique, qui sont comme les fatalités du système, et qu'un écrivain politique considérable de l'Angleterre, M. Stuart Mill, fort préoccupé de cette question, n'a pas craint d'appeler les influences dégradantes de la démocratie?

Ce qui importe avant tout, c'est de bien s'assurer que l'on a devant soi la véritable nation, non cette nation factice, bruyante, révolutionnaire, qui essaye de se substituer à l'autre. La plus honteuse influence à subir serait la prédominance d'une de ces portions exaltées et tumultueuses du peuple, qui, dans tous les temps, dans toutes les sociétés démocratiques, tendent à prendre le rôle, l'autorité du peuple lui-même, au nom de je ne sais quelle délégation mystérieuse, parlant pour lui en toute occasion, le faisant parler au gré de ses violences, et, si on le laisse faire, agissant pour lui. Sur le fond des masses laborieuses, se dessinent des groupes ardents qui veulent entraîner les foules, des individualités énergiques et passionnées qui mènent les groupes. Quelquefois les masses cèdent; ce sont alors des agitations sans frein et sans limite, l'océan populaire est remué jusque dans ses profondeurs; c'est l'heure des grandes révolutions politiques et sociales. Lorsque les masses désabusées des agitations par de terribles épreuves ne voient point un intérêt immédiat à des agitations nouvelles, ou qu'une forte passion n'est pas en jeu, elles restent indifférentes. Alors se produisent ces impatiences fébriles qui s'épuisent à créer un mouvement factice dans l'impuissance d'en créer un qui soit profond et sérieux. Il ne manque jamais de s'organiser un parti qui se constitue de son autorité privée le mandataire de ce peuple silencieux ou endormi. Les chefs de ce parti sont les oracles en permanence de la sibylle populaire. C'est avec un sérieux et un à-propos admirables qu'ils font parler cette sibylle, et, chose plus admirable encore, ils trouvent autour d'eux des crédulités à toute épreuve. Leur premier dogme est l'infaillibilité du peuple, qui se résume dans leur propre infaillibilité. L'instinct des masses, la volonté du peuple! C'est en eux que cet instinct trouve une conscience et une voix. Eux-mêmes s'identifient si étroitement avec cette volonté du peuple qu'ils ne s'en distinguent plus. L'hallucination les gagne. Ils ne sont réveillés de cette extase violente que le jour où ils voient devant eux se dresser le spectre d'un autre peuple, avec une infaillibilité égale et contradictoire. Bientôt en effet des groupes plus ardents se détachent du groupe primitif, des schismes éclatent; chaque journal affirme que c'est lui seul qui représente le vrai peuple et que les autres ne représentent qu'un peuple de fantaisie. Chaque tribune populaire jette l'anathème à la tribune voisine, qui ne retentit plus, à son gré, que de déclamations impuissantes et surpassées. Les violences de parole remplacent la guerre civile quand la guerre civile n'est pas possible. C'est la conclusion ordinaire et le châtiment de ces monstrueuses parodies de la souveraineté nationale, usurpée et travestie. C'est qu'au fond cet *instinct des masses* dont on se fait l'interprète complaisant n'a rien à voir avec l'opinion véritable et la volonté d'un pays. L'opinion vraie, c'est la nation; ce prétendu instinct des masses n'est rien que l'opinion plus ou moins surexcitée et faussée d'une infime partie de la nation, la plus facile à soulever ou par la violence de ses passions ou par la conscience aigrie de ses maux.

Nous devons donc éliminer tout d'abord, sans autre forme de procès, cette espèce d'absolutisme faussement démocratique qui, à diverses reprises, a prétendu acclimater ici même, en plein Paris, sa dictature, y subordonner la liberté et la civilisation françaises, régner au nom d'un peuple imaginaire à qui l'on impose, pour toute éloquence et toute politique, les hyperboles monotones de l'injure, ou les formules emphatiques de sa propre idolâtrie. « Le peuple veut, le peuple pense, le peuple a résolu... » Quel peuple, et où le prenez-vous? Vrai peuple de théâtre, peuple de cirque, habile à se multiplier par les artifices d'une ingénieuse circulation, simulant la foule par le bruit, rappelant par quelques traits le chœur de la tragédie antique. Ces comparses, chargés d'exprimer en vers harmonieux l'âme du peuple absent, étaient vingt ou trente; nos comparses modernes ne s'expriment ni en vers ni même en prose harmonieuse, mais, eux aussi, ils représentent avec une pantomime expressive le peuple. Il fallait les voir à l'œuvre, à la belle époque des clubs, fournissant des auditoires nombreux à plusieurs réunions publiques, s'emparant des salles aussitôt qu'elles étaient ouvertes, fermant l'accès aux vrais auditeurs, remplissant les lacunes de la discussion sérieuse par l'agitation, par les cris, par des motions insensées, accaparant à leur profit, dans les jours de crise, l'attention et l'effroi de tout le monde : basse démocratie de parade au service de quelques vanités perverses ou de quelques fanatismes obscurs. On l'a trop bien vu, ces exhibitions d'un faux peuple, obéissant au mot d'ordre des tribuns de barrière, ne sont pas sans péril. A certains jours, sous un souffle d'orage, la contagion se répand sur les foules; l'ivresse de la colère, versée à flots dans des âmes naïves et souffrantes, fait de chaque misère et de chaque souffrance un cri de haine et de révolte sauvage. Le délire à froid du faux peuple gagne alors le vrai peuple et devient une fureur trop réelle. Que de crimes ont germé ainsi dans l'excitation de ces milieux malsains et dans la parole de quelque rhéteur sinistre!

Ce genre de démocratie, à vrai dire, ne compte pas dans une discussion sérieuse; il peut être à un jour donné et par surprise la force, il ne sera jamais le droit; on le supprime par le dédain quand il se contente de déclamer, par la contrainte quand il passe de la violence des mots à celle des actes. Allons plus haut, étudions les tendances de la démocratie, non pas dans ces consultations irrégulières d'un pays factice, dans ces tumultes plutôt, qui ne sont qu'une bruyante déraison, et qui, à un jour donné, peuvent devenir un forfait public, mais dans ces groupes d'hommes intelligents qui représentent vraiment la démocratie radicale. Ce n'est plus ici le radicalisme faisant de la révolution dans les rues et en permanence, c'est le radicalisme dogmatisant et raisonnant, celui qui agit, mais par la pensée et la parole. Là encore nous aurons à voir si, avec quelques vrais talents, on ne rencontre pas cette même tendance funeste à mettre ses opinions personnelles, ses préférences, ses goûts, à la place des préférences et des opinions du plus grand nombre, ce qui est le penchant de toutes les démocraties dominées, dirigées à leur insu, par des minorités violentes ou des dogmatismes impérieux.

Prenons pour exemple la forme du gouvernement. Que disent à ce sujet les penseurs, les hommes d'État de l'école radicale? Croyez-vous qu'ils laissent le choix libre à la majorité du pays, comme le voudrait, à ce qu'il semble, la logique du principe dont ils relèvent, et qui est après tout leur unique raison d'être? Quelle erreur serait la vôtre! Voici à cet égard leur thèse, résumée d'après les manifestes les plus importants du parti : « Il importe, nous dit-on, de dégager les principes des compromissions qui les altèrent et les déshonorent. C'est par une de ces compromissions qu'on prétend faire vivre sous le même drapeau le suffrage universel et la monarchie. Entre ces deux termes, il y a incompatibilité absolue, et le pays souffrira, et la France s'épuisera dans une agitation et une inquiétude chroniques, tant que cette incompatibilité ne disparaîtra pas de nos institutions. Un gouvernement parlementaire quelconque, quelles que soient son origine, sa forme et son apparente consécration, ne peut vivre que par la prépondérance des classes d'élite. Le jour où les masses populaires entreraient avec un libre élan dans ces ressorts si délicats, dans ces rouages si compliqués et si difficiles à manier du gouvernement parlementaire, elles les briseraient. Au point de vue de la vraie doctrine monarchique, on a donc eu raison de dire du haut de la tribune française, sous le gouvernement de juillet, qu'il n'y aurait pas de jour pour le suffrage universel. — Sans doute, on peut soutenir que, sous toutes les formes de gouvernement, une certaine liberté est praticable; mais au fond il n'y a qu'une forme déterminée de gouvernement qui assure et garantisse pleinement la liberté. Prétendre, comme on le fait, que le choix des formes politiques est chose indifférente, c'est un sophisme, c'est en même temps la marque d'une politique immorale. Les faits protestent contre une aussi dégradante théorie. A quoi donc sont occupés les penseurs, les hommes d'État, les politiques, depuis que les intérêts et les rapports des hommes se sont étendus au point de constituer une société, si ce n'est à trouver et à réaliser les meilleures formes de gouvernement? La forme aristocratique du parlementarisme anglais, qui a établi et garanti une certaine liberté dans la Grande-Bretagne, a été reconnue deux fois impuissante à la réaliser en France. Ces expériences servent la cause de la démocratie radicale, parce qu'il faudra bien, *coûte que coûte*, résoudre le problème posé; il faudra bien, sous peine de disparaître, que la France trouve le moyen d'assurer la liberté plénière et la souveraineté nationale. Or il n'y a qu'une forme qui puisse faire cela, c'est la république. C'est la seule qui soit corrélative, harmonique, adéquate au suffrage universel. Il faut que le droit tout entier ait satisfaction, parce que, selon la parole de Bossuet, il ne saurait y avoir de droit contre le droit. Or ce droit absolu de la souveraineté nationale ne se réalise que dans une certaine institution politique. Aussi qu'arrive-t-il? Dans toute monarchie, quelle qu'elle soit, même celles qui feignent d'accepter le suffrage universel, on ruse avec le suffrage universel, on est obligé de l'enlacer, de l'entraver, de le corrompre, de l'exploiter; ce n'est qu'à ce prix qu'on peut vivre avec lui. — Le *nombre,* oui, le *nombre,* voilà l'instrument de la souveraineté nationale... Dès que le suffrage universel aura pris vraiment conscience de lui-même, il renversera tout devant lui, quand il le voudra, et il arrivera toujours une minute où il le voudra. Il deviendra l'agent irrésistible d'une logique impitoyable; il s'apercevra bientôt que, s'il est la souveraineté, il ne peut ni céder, ni aliéner, ni transmettre à personne cette souveraineté; il s'apercevra que seul il doit régner et gouverner: de ce jour, il régnera et gouvernera. Il ne peut avoir de maîtres, il ne peut avoir que des serviteurs; c'est ce qu'on appelle dans la langue politique des fonctionnaires, agents réellement responsables, révocables, électifs, soumis à cette loi de la vraie démocratie, qui veut la mobilité dans les personnes et la perpétuité dans les fonctions. Tout ce qui aujourd'hui a un caractère permanent et héréditaire n'est pas né viable; le pouvoir exécutif sous forme monarchique et dynastique est condamné à périr. C'est une alternative posée par cette force des choses qu'on appelle la logique : il faut ou que l'universalité du droit disparaisse devant les satisfactions et les désirs d'un seul, ou que la puissance d'un seul disparaisse devant le droit populaire. Ainsi le veut ce nouveau code politique de l'école radicale, qui pourrait être intitulé : *De la politique tirée du suffrage universel*, et dont le premier article est qu'on ne peut pas demander au suffrage son abdication sur un seul point, parce que ce genre de pouvoir, le seul qui subsiste dans la ruine de tous les autres, ne se limite ni dans le temps ni dans l'espace, parce que le suffrage universel que vous interrogez tel jour ne sera pas le suffrage universel du lendemain. Il est la réunion, la collection des volontés d'un peuple. Or chaque jour, chaque heure, chaque instant voit une volonté mourir, une autre naître, une volonté se modifier, remplacée par une volonté différente ou contraire. Le suffrage universel ne peut donc, sans violer la justice, engager les générations futures ; il ne peut même pas engager la volonté de la génération actuelle, puisqu'il doit en exprimer les résolutions changeantes, dont chacune a la même légitimité, la même raison d'être. Le peuple ne peut pas plus abdiquer sa souveraineté pour un seul instant qu'un homme ne pourrait abdiquer sa liberté de penser sans cesser d'être homme[1]. »

Je ne crois pas avoir fait tort, en la résumant

---

[1]. Je résume ici le discours prononcé par M. Gambetta devant le corps législatif, dans la séance du 5 avril 1870. Quoiqu'il ait fait et dit depuis cette époque, le futur dictateur avait laissé d'avance, dans ce manifeste, la meilleure et la plus haute expression de lui-même et de son parti.

ainsi, à la thèse de l'école radicale. Je me suis appliqué, avec un scrupule qu'on trouvera peut-être excessif, à ne pas l'affaiblir d'un seul argument. Le but de cette argumentation est d'ailleurs assez clair. On ne tolère pas dans l'école radicale que le suffrage universel se conduise à sa guise. On ne le trouve légitime qu'à la condition qu'il suive exactement la voie qu'on lui a tracée d'avance. La souveraineté du peuple, c'est la source auguste des oracles indiscutables. — Oui, pourvu qu'elle parle comme on veut qu'elle parle, et que ses oracles soient de tout point conformes aux décisions des fortes têtes du parti. Elle est la liberté même à sa plus haute expression, puisqu'elle est la liberté de sanctionner ce que la raison supérieure de ses penseurs et de ses hommes d'État a décidé pour elle. — Ou le raisonnement que nous venons de reproduire n'a pas de sens, ou il a ce sens-là, cette portée, cette conclusion. On veut persuader au suffrage universel que non-seulement il est incompatible dans son essence avec toute autre forme que la forme républicaine, ce qui peut être soutenu, mais qu'il n'a même pas le droit de choisir autre chose que cette forme, qu'en le faisant il viole non-seulement les convenances et les harmonies de sa nature, mais je ne sais quel pacte mystérieux et sacré avec un principe d'ordre transcendant.

Je remarque deux choses dans tous les raisonnements de ce genre : un excès de logique, inapplicable à cet ordre de questions, et comme un vague mysticisme qui recouvre d'une fausse solennité des idées creuses. Qu'est-ce donc que ce droit idéal, absolu, d'une certaine forme de gouvernement, droit antérieur et supérieur même à la volonté du plus grand nombre, sinon la reconstitution du droit divin au profit de la république avec une contradiction de plus, puisqu'on ne semble ici invoquer la souveraineté nationale que pour la sacrifier dans les règles? Il y a là quelque chose comme une religion de sectaires, avec des exagérations qui ressemblent bien à celles des autres religions, et qu'on appelle ailleurs du fanatisme. — N'est-ce pas dans cet ordre de sentiments exaltés que le même orateur se plaçait, quand, décrivant dans le passé les merveilles qu'il brûlait de renouveler, il célébrait, en style d'apocalypse, la révolution de février, « cette explosion volcanique, spontanée, de la conscience française, » révolution unique, merveilleuse, qu'il admire, « parce qu'elle est sortie des entrailles du peuple, parce qu'elle s'est faite *malgré tout le monde !* » Ce *malgré tout le monde* est pour nous confondre. Touchant hommage à la souveraineté populaire que cette idolâtrie d'un fait accompli, en dépit des volontés qui la composent, par une opération mystérieuse ! L'orateur que nous citons d'autant plus volontiers qu'il exprime les sentiments, les tendances de son parti avec une franchise à laquelle nous rendons toute justice, devrait bien faire à son talent le sacrifice de ces lieux-communs du mysticisme révolutionnaire, sacerdoce de l'idée, apostolat, mission de la révolution , révélations dans les éclairs et les foudres du Sinaï démocratique et social. La politique est une science expérimentale, rien de plus, rien de moins. Elle est plus qu'un art, mais elle n'est pas une théorie pure. Si cela est vrai, et je ne pense pas que personne puisse sérieusement le contester, il ne faut à aucun prix de surnaturel dans la politique, pas plus dans l'intérêt de la république que dans celui d'une dynastie. Si nous sommes devenus incrédules aux légendes pieuses de la légitimité, est-ce donc pour nous remettre sous le joug bien plus lourd d'une légitimité nouvelle, celle d'un radicalisme d'illuminés ?

Il y a des républicains de conviction. Je ne vois rien là que de fort naturel, pourvu que cette doctrine se subordonne à la volonté nationale, et qu'elle attende tout de la force de la logique, de l'épuisement des formes dynastiques, de l'expérience et du temps. Il en est tout autrement des républicains d'inspiration. Ceux-ci se réclament d'un principe transcendant pour en finir avec des formes et des institutions qui leur déplaisent. On a quelque droit de se défier d'eux, parce qu'ils se croient au fond supérieurs à la souveraineté nationale, et que cela les met à l'aise pour la brusquer ou la surprendre, comme cela s'est vu. Ils puisent dans la conscience obscure d'une mission mal définie des affirmations passionnées dont l'effet est de troubler les esprits au lieu de les éclairer, des moyens d'action et de propagande qui deviennent la violence à un moment donné. Rappelons ici la distinction célèbre de la république acceptée et de la république imposée. La république acceptée, c'est un grand fait de souveraineté nationale librement approuvé et consenti. Rien de plus régulier ni de plus légitime. La république imposée, c'est la confiscation de la volonté du pays au profit d'une théorie, c'est le droit positif violé par un droit mystique, c'est la violence aggravée d'une hypocrisie.

On appuie ce nouveau droit divin des efforts d'une logique à outrance. On fait valoir l'incompatibilité d'essence entre le principe monarchique, qui suppose que le peuple a délégué sa puissance à un homme, et le principe de la souveraineté nationale, qui lui interdit une pareille délégation. On se sépare avec éclat à ce propos de la doctrine du *Contrat social;* on proclame bien haut que Rousseau a tort de prétendre que le peuple ne peut reprendre à chaque instant la puissance qu'il a déléguée; on ne fait aucune difficulté d'avouer que les théories de Rousseau ne sauraient s'accorder avec les principes et les espérances de la démocratie contemporaine. On fait de la métaphysique pour démontrer que le peuple n'a aucun droit de se lier ni dans le présent ni dans l'avenir, que la souveraineté ne peut ni s'aliéner, ni s'interrompre un seul instant, ni céder une seule partie d'elle-même, que rien ne doit la limiter ni dans le temps, ni dans l'espace, enfin qu'indivisible et absolue, elle ne cesse pas de se retremper dans la source exclusive, inépuisable, sans cesse renouvelée, des volontés changeantes du peuple, toutes également légitimes et sacrées. Qu'y a-t-il au fond de ces théories abstraites ? Je me défie à première vue, en matière si contingente, des principes absolus et du prestige de ces raisonnements qui traitent la politique, une science de réalités, comme une science de quantités idéales, comme une géométrie ou une algèbre. Cette première impression, toute d'instinct, est singulièrement confirmée par la réflexion. Au nom de principes métaphysiques fort contestables, on prétend interdire à un peuple le droit de choisir la forme sous laquelle il lui convient de vivre ! On prétend même choisir pour lui ! Je suppose que, tout bien considéré, une nation estime que la forme monarchique est pour elle un élément de prospérité, que ses intérêts et ses affaires ont besoin d'ordre et de stabilité, que dans un pays tour à tour inerte et emporté il est bon d'éviter les occasions trop fréquentes de crise, et autant que possible de placer au sommet des institutions un pouvoir qui ne soit pas soumis à la réélection. Cette nation peut se tromper dans ses appréciations; mais ce qui n'est pas contestable, c'est qu'elle fait acte de légitime souveraineté en choisissant la forme de gouvernement qu'elle pense être le mieux en harmonie

avec ses intérêts. Eh quoi! on viendra sérieusement soutenir qu'elle viole son propre droit en
choisissant ainsi, parce qu'elle n'a pas le pouvoir de
se lier elle-même! Qu'on essaye de lui démontrer
que ses alarmes sont vaines, qu'elles ne survi-
vraient pas à une expérience sérieuse des conditions et des mœurs de la forme républicaine, qu'il
y a de sérieux avantages dans la république, où le
pouvoir n'est pas exposé aux retours possibles du
gouvernement personnel ni aux hasards de l'hérédité. Soit, je comprendrais cette manière de raisonner; je ne conçois pas celle qui consiste à
interdire à un peuple le libre exercice de sa
volonté, et qui, sous prétexte de faire mieux respecter par ce peuple lui-même sa souveraineté, la
lui retire, s'il ne s'en sert pas selon la formule du
Codex et du parti.

On nous parle, en style hyperbolique, de l'inféo-
dation du droit populaire aux mains d'un homme
et d'une famille, de la confiscation du droit
imprescriptible des générations futures. Le droit
populaire inféodé aux mains d'un homme! Sérieusement qui donc peut demander ou craindre de
pareilles choses? Est-ce que la souveraineté nationale abdique parce qu'elle choisit librement la
forme monarchique, si elle a soin de la maintenir
en harmonie avec des institutions libres? Ne peut-
elle retenir ce qu'il y a d'essentiel dans le droit de
la souveraineté, le droit d'intervention régulière
et de contrôle perpétuel? Ne peut-elle garder non-

seulement la direction générale, mais le dernier mot dans toutes les grandes affaires? Il est clair que la participation de tous au gouvernement s'exerce aussi bien par délégation sous la forme monarchique que sous la forme républicaine. Le gouvernement du pays par le pays, pour être effectif et réel, a-t il donc besoin de se traduire par une action immédiate? Allons aux dernières conséquences du principe posé : il n'y aurait de démocratie, dans la rigueur du principe, que le jour où l'on établirait l'intervention directe et permanente du peuple dans les affaires de l'État ; mais où cela s'est-il jamais produit depuis les petites républiques de l'antiquité, qui étaient bien moins des démocraties véritables que des aristocraties? Tout cela est vain et chimérique. La vie politique est complète, quelle que soit la forme du gouvernement, là où le peuple nomme librement ses représentants, décide par eux du sort des ministères, exerce par eux sur les pouvoirs publics un contrôle efficace, là enfin où par la représentation nationale, par la discussion, par la presse, l'opinion publique se fait jour, soumet toutes les responsabilités à une juridiction qui, pour être indirecte, n'en est pas moins celle du pays lui-même, juge en dernier ressort des fonctionnaires les plus élevés, et maître suprême, quand il le veut, des affaires publiques, qui sont ses propres affaires. En tout cela, où y a-t-il l'ombre d'une aliénation de la souveraineté? Ceux-là seuls pourraient le soutenir qui sont encore partisans du gouvernement direct du peuple par le peuple, c'est-à-dire les plus dangereux utopistes, reniés par la démocratie sérieuse.

Pouvons-nous admettre comme principes absolus, indiscutables, des propositions du genre de celle-ci : qu'un peuple n'a jamais le droit de s'engager à une dynastie, qu'il est obligé, sous peine d'injustice flagrante, de se tenir toujours libre à l'égard du présent et de l'avenir, par cette raison que tout engagement dynastique est une portion cédée de sa souveraineté, et qu'un peuple, en le faisant, disposerait d'un patrimoine qui ne lui appartient pas, liant par un contrat injuste des volontés qui n'existent pas encore ? Quel raisonnement bizarre ! Pour respecter la volonté des générations futures, j'aliène la mienne. Pour ne rien ôter de leur droit, je leur sacrifie tout le mien ; je me dépossède afin qu'elles soient libres. Ainsi le veulent les principes absolus, interprétés par cette nouvelle école. Mais sait-on bien où nous conduiraient de pareilles propositions, où la logique pourrait nous mener dans cette voie ? Si ce sont des principes absolus, il n'y a pour eux ni nationalité ni frontière ; ils exigent une réalisation immédiate, sans discussion préalable, sans atermoiement, sans transaction, partout où il y a des hommes réunis. Les violer, c'est commettre un crime de lèse-humanité. Qu'on passe la mer au plus tôt, et qu'on aille les promulguer, comme l'axiome indiscutable de la raison, devant la nation la plus politique de l'univers, chez les Anglais! Qu'on aille sérieusement soutenir devant eux qu'il y a crime pour un pays à stipuler sur sa propre souveraineté, à engager les générations futures. Comme ils seront charmés et touchés d'une pareille prédication! Comme ils se montreront sensibles aux scrupules de ces bonnes âmes qui souffrent de ce crime national en permanence, la maison royale d'Angleterre! Comme ils s'empresseront de faire justice de cette institution surannée, à laquelle ils doivent le progrès ininterrompu de leur prospérité, de leur grandeur nationale et même de leurs libertés publiques! Quelle belle occasion de sacrifier tant de biens acquis et mérités par cette persévérance, conservés par cet esprit politique incomparable, d'immoler tous ces éléments du bonheur public à la logique radicale qui les déclare illégitimes. puisqu'ils ne sont dus qu'à une violation de la justice! A ces partisans inexorables de la souveraineté inaliénable, imprescriptible, j'ose prédire un beau succès en Angleterre. Eux-mêmes auraient, je le pense, quelque pudeur à pousser leur théorie aussi loin, jusqu'à exproprier un grand peuple de ses institutions au nom d'une métaphysique si équivoque. Pourquoi donc ce qu'on nous impose comme la vérité absolue en France n'est-il même plus au delà du canal la vérité relative? Ne serait-ce pas tout simplement que ce n'est la vérité ni pour nos voisins, ni pour nous?

C'est d'ailleurs faire montre d'un esprit bien prompt à s'alarmer sur des chimères que de s'effrayer des obligations de ce genre qu'une nation peut contracter et de la pérennité décrétée par le suffrage universel. Les nations s'engagent sans jamais s'enchaîner absolument. Il n'est pas, dans notre droit moderne, de vœux perpétuels, pas plus pour les sociétés que pour les individus. Nous sommes loin des temps où Lycurgue faisait prêter aux Spartiates le serment de garder à jamais sa constitution intacte. Ces sortes d'engagements, si une dynastie les obtenait d'un peuple moderne, n'auraient qu'une valeur relative, subordonnée à la fidélité que la dynastie contractante apporterait elle-même dans l'exécution du contrat. Ce n'est pas la pérennité des engagements politiques qui est à redouter, c'est la facilité excessive à s'en délier et une mobilité d'humeur qui remet chaque jour en question le contrat passé la veille sous forme de constitution. Il n'est guère à craindre que nos contemporains et surtout nos compatriotes oublient que les institutions politiques sont l'œuvre des hommes, qu'elles doivent leur origine et toute leur existence à la volonté humaine. Les hommes, comme dit M. Mill, ne les ont point trouvées toutes poussées en s'éveillant un beau matin d'été. Elles ne ressemblent pas davantage aux arbres qui, une fois plantés, « croissent toujours, » tandis que les hommes « dorment. » Dans chaque période de leur existence, l'action volon-

taire de l'homme les fait ce qu'elles sont ; le mécanisme politique n'agit pas tout seul. Tout comme
il fut à son origine construit par les hommes, il
doit être aussi manié par des hommes. Il a besoin
non de leur simple acquiescement, mais de leur
participation active, sans quoi il s'arrêterait immédiatement, ce qui implique trois conditions : 1° le
peuple auquel on destine une forme de gouvernement doit consentir à l'accepter, ou du moins
il ne doit pas s'y refuser de façon à opposer un
obstacle insurmontable à son établissement; 2° il
doit avoir la volonté et la capacité de faire ce qui
est nécessaire pour en maintenir l'existence ; 3° il
doit avoir la volonté et la capacité de faire ce que
cette forme de gouvernement exige de lui et sans
quoi elle ne pourrait atteindre son but [1]. Ces
trois conditions suffisent pour maintenir la juste
liberté d'un peuple à l'égard d'une dynastie. Si
cette dynastie est infidèle à son mandat, il suffirait
à un peuple, pour la briser, de suspendre cette
participation active, nécessaire au mouvement de
l'organisme politique. C'est là une assez forte
garantie contre les vœux perpétuels, tant redoutés
de la démocratie.

Allons plus loin dans la voie qu'on nous
indique. La théorie radicale, appliquée en toute
rigueur, ne proscrirait pas seulement la forme
monarchique, elle limiterait d'une manière bien

_____

1. M. Stuart Mill, le *Gouvernement représentatif,* p. 8.

étroite les formes mêmes de l'institution républicaine. Examinons en effet les conséquences de ce
prétendu principe, que le suffrage universel étant
la réunion, la collection des volontés d'un peuple,
doit rester absolument libre de se mouvoir en tout
sens, selon les variations de cette volonté, mou-
rant et renaissant à chaque seconde, se modifiant
et disparaissant sous une impulsion différente ou
contraire. A ce compte, et si vous prétendez être
logique jusqu'au bout, quelle forme de gouvernement pourrez-vous établir? Quel pouvoir exécutif
s'accommoderait de pareilles exigences, dont le
résultat pratique ne peut être qu'une absurdité?
La présidence à vie ressemble trop à la monarchie
pour ne pas être immédiatement écartée : c'est la
perpétuité du pouvoir dans une seule main sans
les avantages de l'hérédité. Une présidence de dix
ans? Quel long espace de temps sans responsabilité sérieuse, quelle tentation offerte à l'esprit
d'aventure ou de domination! Les administrations
décennales, présidences ou consulats, ont toujours
abouti en France à des transformations et à des
accroissements de puissance. Il sera sage de restreindre les bornes d'un pouvoir qui tendrait
toujours à les excéder, qui sentirait son ambition
et ses moyens d'action croître et s'étendre avec ses
limites légales. A quel terme les fixerons-nous? A
quatre années, comme aux États-Unis? Mais comme
ce terme est arbitraire! Pourquoi quatre années
plutôt que trois, plutôt que deux, plutôt qu'une?

En quatre années, combien de fois la volonté du peuple qui a nommé le chef du pouvoir exécutif peut-elle changer! Que de regrets, de remords peut-être, si elle s'est liée à un chef incapable, ou, pis encore, capable de mauvais desseins contre la souveraineté nationale! Qu'on se rappelle l'exemple de ce Johnston, dont l'administration tracassière et despotique, succédant inopinément à celle de l'héroïque Lincoln, causa tant d'alarmes et d'humiliations à ceux même qui l'avaient porté par leur libre suffrage à la vice-présidence de la grande république. Il n'y a qu'un moyen d'empêcher le suffrage universel de se lier à quelque choix indigne: c'est de décréter que le chef du pouvoir exécutif sera élu chaque matin, qu'il déposera son pouvoir chaque soir, et qu'après avoir consacré sa journée aux affaires, il viendra rendre ses comptes à l'assemblée populaire et s'offrir au verdict du peuple. En dehors de cette forme si sage et si politique qui assure la mobilité perpétuelle des personnes dans la perpétuité des fonctions, je ne vois pas d'application rigoureuse du principe.

Mais voici une autre conséquence. Ce qui serait vrai de la forme monarchique serait également vrai et au même titre de toutes les institutions et de toutes les lois. Que l'on me cite une loi qui n'implique pas de la part de la nation une façon quelconque de lier sa volonté personnelle et celle des générations futures, l'obligation de se soumettre à cette décision, c'est-à-dire de céder une part de cette souveraineté, laquelle n'existe, d'après l'école radicale, qu'à la condition d'une autonomie absolue et permanente, maintenue libre de tout engagement et pour le présent et pour l'avenir! Ainsi la contradiction sera la même de légiférer ou de fonder une dynastie. Comme dans les deux cas on lie le présent et l'avenir, on cède dans les deux cas une part de la souveraineté. Le même raisonnement qui renverserait les trônes s'appliquerait avec la même logique à détruire les codes, un système de lois engageant les générations futures comme peut le faire une dynastie. Nous voici donc logiquement amenés à soumettre toutes choses à la condition du renouvellement incessant et universel, les institutions et les lois comme les formes du pouvoir. Tout ce qui porte un caractère de permanence et de durée sera au même titre et inexorablement condamné. La mobilité des institutions doit être organisée de manière à suivre dans leur mobilité les résolutions du peuple, qui peut en changer à chaque instant. L'idéal d'une pareille démocratie serait l'absence de tout pouvoir durable et de toute loi fixe. La logique le veut ainsi. Reste à savoir si, en nous conduisant jusque-là, ce n'est pas à la barbarie qu'elle nous mène par la voie de ces beaux syllogismes.

II.

La vraie, la seule manière de respecter la souveraineté nationale, c'est de la laisser choisir à sa guise la forme de gouvernement qui convient le mieux à ses intérêts, à son milieu intellectuel et social, au tempérament de la nation en un mot. Pourvu qu'elle ne s'aliène pas elle-même en livrant des droits qui doivent lui être sacrés, en cédant ce qu'elle ne doit jamais céder, sa juste intervention dans les affaires publiques et son contrôle sur la manière dont elles sont faites, qu'elle décide à son gré de ses institutions. Qui donc serait meilleur juge qu'elle-même de ses véritables intérêts? Qu'elle puisse en toute liberté examiner, comparer les avantages et les inconvénients de chaque système, et, son choix fait, l'imposer au respect des minorités violentes. C'est la véritable démocratie, celle de la liberté, qui ne laisse ni confisquer ni surprendre la volonté nationale, et qui ose en défendre l'expression sincère contre l'absolutisme radical. On nous a mille fois présenté dans ces derniers temps le sombre tableau des vices et des corruptions qu'entraîne après soi l'institution monarchique. Il n'y a que trop de réalité dans cette peinture; mais quelle institution humaine pourra résister à une pareille analyse?

Dans laquelle ne trouverons-nous pas matière aux plus sérieuses critiques, quand on l'aura soumise à une expérimentation sincère et suffisamment prolongée? Que le pouvoir absolu produise les plus tristes effets sur les âmes, qu'il exerce sur tout un peuple les plus dégradantes influences, nous en tombons d'accord; mais croit-on que la démocratie pure, absolue, n'ait pas aussi ses vices secrets, ses influences néfastes et ses périls? Qui ne les connaît? Des amis éclairés de la démocratie, comme M. de Tocqueville et M. Stuart Mill, des observateurs consciencieux comme lord Brougham[1], les ont signalés avec une singulière et douloureuse perspicacité.

Détachons quelques traits de ce tableau. Le premier et le plus saisissant, c'est l'instinct naturel des démocraties d'écarter du pouvoir ou de la représentation nationale les esprits les plus cultivés par la méditation et l'étude, les intelligences supérieures. Les démocraties sont défiantes. Elles proclament même comme une obligation le droit d'être ingrates envers qui les a servies avec le plus d'éclat. Elles se considèrent comme affranchies de toute reconnaissance envers de grands services qui pourraient les lier, et de tout respect à l'égard du génie qui pourrait les asservir. Par le droit

---

1. Il est juste de joindre à ces noms celui de M. de Parieu pour son ouvrage sur les *Principes de la science politique*, et spécialement le chapitre quatrième : *de la Démocratie.*

supérieur du nombre, à qui l'on doit tout et qui ne doit rien à personne, elles pratiquent une sorte d'ostracisme à l'égard de toute supériorité. Ce qu'elles craignent par-dessus tout, c'est d'être dupes d'un engouement ou d'une admiration. Elles ne donnent jamais leur confiance, elles la prêtent; elles la retirent au moindre soupçon, sans avoir besoin de rendre compte à personne, ni de fournir aucune explication. De là cette tendance si souvent remarquée à n'adopter pour mandataire que celui qui représente le plus exactement leurs idées, leurs caprices, leurs passions même. Ce sentiment d'envie ou de méfiance envers tout ce qui s'élève au-dessus de la moyenne des électeurs était déjà signalé par M. de Tocqueville, il y a près de quarante ans, dans cette grande république que l'on nous cite si justement d'ailleurs comme le type de la démocratie pure. Ce profond observateur rapportait de son voyage d'expérimentation politique aux États-Unis un témoignage singulier sur la rareté du mérite chez les gouvernants, lorsqu'il est si fréquent parmi les gouvernés. C'était un fait signalé dès ce temps-là, mais confirmé surabondamment aujourd'hui, que les hommes les plus remarquables sont rarement appelés aux fonctions publiques, même à la représentation nationale. Avec une autorité égale, M. Stuart Mill déclare, sur les témoignages les plus positifs, que dans la démocratie américaine les membres très-cultivés de la communauté, excepté ceux d'entre eux qui sont disposés à sacrifier leurs opinions et à devenir les organes serviles de leurs inférieurs en savoir, ne se présentent même pas au congrès ou aux législatures d'État, tant ils sont certains qu'ils n'ont aucune chance d'être nommés. « La vie politique en Amérique est certes une école bien précieuse ; mais c'est une école où les professeurs les plus habiles sont exclus de la représentation nationale et des fonctions publiques en général, tout comme s'ils étaient sous le coup d'une incapacité légale. En outre, le peuple étant en Amérique l'unique source du pouvoir, c'est vers lui que se tourne toute ambition égoïste, de même que dans les pays despotiques elle se tourne vers le monarque. Le peuple, comme le despote, est accablé d'adulations et de flatteries [1]. »

Il y a là plus d'une leçon à notre adresse, et dont il serait sage de faire notre profit. Déjà nous avons senti profondément chez nous les signes avant-coureurs de ce mal démocratique ; nous avons vu parmi nous ces courtisans du peuple, aussi dangereux que ceux du despotisme, édifier sur les plus basses adulations leur fortune politique. Nous avons vu des esprits qui semblaient nés pour une plus haute fortune, s'incliner devant les caprices et les violences de ce fantasque souve-

----

1. Stuart Mill, le *Gouvernement représentatif*, p. 173-194, traduction de M. Dupont-White.

rain, abaisser leur caractère pour obtenir un mandat, tout prêts, eux aussi, à sacrifier leur manière de penser à la déraison de leurs commettants. Nous n'avons pas été loin de voir triompher dans certains groupes la théorie dégradante du mandat impératif. En revanche, combien d'esprits cultivés et de caractères fiers se sont écartés avec dégoût de cette arène livrée à des concurrences inférieures ! Combien n'en avons-nous pas vu renoncer à la politique, but de leur légitime ambition, plutôt que d'accepter cette dépendance humiliante et de se faire, selon la forte expression de M. Stuart Mill, les organes serviles de leurs inférieurs en savoir et en raison ! C'est l'un des symptômes les plus fâcheux d'un État démocratique très-avancé que cet abaissement intellectuel de la classe gouvernante, de la classe politique. Déjà aux États-Unis le *politician* n'obtient à ce titre qu'une médiocre considération. Prenons garde que la même chose n'arrive chez nous, et elle arrivera infailliblement, si une réaction énergique de l'opinion et des mœurs ne vient pas combattre cette déchéance du mandat électif. Prenons garde que la politique, que Macaulay appelle « l'emploi le plus noble des facultés humaines, » ne se déconsidère par la vénalité, par l'intrigue, par l'adulation démagogique, et ne finisse par tomber exclusivement aux mains des acheteurs de suffrages ou des valets du peuple.

C'est là un grave péril des démocraties ; ce n'est

pas le seul. Il y a de plus en elles une certaine tendance à faire de la majorité numérique, constatée par le suffrage universel, le régulateur absolu, non-seulement du fait, mais du droit, un souverain irresponsable, dispensé même d'avoir raison, et qui ne doit compte à personne de ses décisions ni de ses actes. S'il ressort en effet une idée politique claire et saisissable des manifestes de l'école radicale, « c'est que la discussion doit cesser dès que l'organe de la souveraineté nationale a parlé, l'organe décisif, le nombre. — Le nombre, voilà l'instrument irrésistible de cette souveraineté ; par lui, elle renverse tout devant elle quand elle veut, et il arrive toujours une minute où elle veut. » On n'est pas éloigné d'appliquer au souverain collectif, le peuple, exprimé par le nombre, ce que le théoricien de l'absolutisme, Hobbes, disait du prince il y a deux siècles. Le despotisme se transpose ; mais au fond ses formules et ses procédés sont toujours les mêmes. « Le souverain n'est obligé envers personne. — Puisque toutes les lois sont faites par lui, elles ne sont pas faites pour lui, et il n'est pas tenu à leur obéir. — Comme toutes les disputes viennent de ce qu'on ne s'entend pas sur le tien et le mien, le souverain décidera seul sur le droit, et fera seul les lois civiles. » — Suppose-t-on que cette théorie absurde et dégradante du despotisme, qui nous révolte quand elle est édifiée en l'honneur d'un Stuart par un logicien courtisan, serait moins digne de mépris, si des dialecticiens funestes venaient à la relever parmi nous au profit d'un certain peuple? C'est un des points sur lesquels il importe le plus de marquer avec précision les réserves que doit faire la vraie démocratie.

La majorité numérique est souveraine dans son domaine, le choix des formes politiques et l'organisation des institutions qui conviennent au plus grand nombre. Elle dispose avec une autorité de fait indiscutable des différents pouvoirs entre lesquels se répartit la délégation de la souveraineté nationale ; mais son autorité a une limite qu'elle ne saurait franchir impunément. Une majorité, quelles que soient les forces accumulées du nombre par lequel elle s'exprime, ne peut rien non-seulement sur les droits imprescriptibles des minorités, mais sur le droit de l'individu, premier élément des sociétés. L'unanimité moins un des membres d'une communauté politique ne saurait prévaloir contre un seul qui serait retranché dans l'inexpugnable conscience de son droit. La question est de bien définir ce droit en tant qu'il est inviolable, de le mesurer exactement, de l'enfermer dans sa sphère et de le garantir en ne l'exagérant pas. Or c'est là, je n'en disconviens pas, la principale difficulté de la science politique. D'une part, il y a tendance marquée du droit individuel à sortir de sa sphère, à déborder sur le domaine social, à entraver le mécanisme des institutions, en jetant tout au travers les prétentions injustes et les résistances d'une personnalité exagérée. D'autre part, il se rencontre toujours un secret instinct d'oppression dans chaque force sociale, dans l'élément du nombre, par exemple, qui exprime les forces sociales à leur plus haut degré de puissance. La majorité numérique d'un peuple doit se garantir avec d'autant plus de soin des excès de son propre pouvoir qu'elle représente la force matérielle en même temps que la volonté de ce peuple. Or elle peut trop aisément confondre cette volonté avec la justice. C'est là un genre d'illusion singulièrement redoutable; le nombre incline toujours plus ou moins à se prendre non-seulement pour l'expression de la volonté nationale, mais, ce qui est fort différent, pour l'organe du droit, que dis-je? pour le droit lui-même. Et de cette erreur presque naturelle, presque fatale, que de conséquences désastreuses peuvent sortir!

Prenons un exemple pour préciser notre pensée, le droit de propriété. C'est celui de tous qui est le plus en péril en face de la majorité numérique, par cette raison toute simple qu'il y a un nombre plus grand de pauvres que de riches dans toutes les démocraties, quelles qu'elles soient, en Europe ou en Amérique. De douloureuses expériences, qui se continuent tous les jours sous nos yeux, ne nous permettent guère d'ajourner à un avenir indéfini les conflits éventuels de la majorité qui n'a rien et de la minorité qui possède. Déjà les conflits s'établissent sous mille formes, grèves, associations internationales, *trades' unions,* systèmes socialistes qui n'attendent que l'occasion propice pour s'imposer à l'expérimentation sociale. Au milieu de toutes ces misères actuelles et sous la menace de ces collisions futures, qu'il est difficile de définir les limites du droit social et du droit individuel, surtout d'en imposer l'inviolable respect à ces masses souffrantes qui s'agitent sur ces frontières ! Il le faut bien pourtant sous peine de voir sombrer nos sociétés démocratiques dans le plus profond abîme. Quelle œuvre délicate que d'enseigner aux majorités leur devoir le plus rigoureux, et qu'il est malaisé de leur en inspirer la rude pratique ! Quelle éloquence inspirée par une virile tendresse pour les souffrances humaines, en même temps par la plus sévère intelligence du droit, parviendra à faire comprendre à ces déshérités, qui sont le nombre et la force, la distinction si nécessaire et si délicate entre l'organisation du travail par la liberté et l'organisation du travail par un système, entre le socialisme libéral (car il y en a un), qui ne s'adresse qu'à l'esprit pour faire triompher ses solutions sans aucun recours à la force, et le socialisme autoritaire, qui prétend imposer ses solutions et réclame le droit à la contrainte !

On se trompe quand on prétend que cette terrible épreuve est particulière à la démocratie européenne. Un peu plus tôt, un peu plus tard, c'est l'épreuve fatale de toutes les démocraties, puisque toutes elles placent la richesse d'un petit nombre en face de la misère du grand nombre, qui est la classe gouvernante, et l'exposent ainsi aux coups de force du suffrage universel. Dans une lettre célèbre publiée il y a une dizaine d'années[1], le grand historien de l'Angleterre, M. Macaulay, exprimait la prévision d'une catastrophe sociale de ce genre, même aux États-Unis, que l'on croyait jusqu'alors à l'abri de semblables périls, et il s'en expliquait avec un Américain de ses amis en ces termes, bien dignes d'être notés, parce qu'ils vont directement à l'encontre d'un préjugé fort répandu : « Votre destinée est écrite, quoique conjurée pour le moment par des causes toutes physiques. Tant que vous aurez une immense étendue de terre fertile et inoccupée, vos travailleurs seront infiniment plus à l'aise que ceux du vieux monde, et sous l'empire de cette circonstance la politique de Jefferson sera peut-être sans désastre ; mais le temps viendra où la Nouvelle-Angleterre aura une population aussi dense que la vieille Angleterre. Chez vous, le salaire baissera et subira les mêmes fluctuations, prendra le même caractère précaire que chez nous. Vous aurez vos Manchester et vos Birmingham, où les ouvriers par centaines de

---

1. Lettre publiée par le *Times* le 7 avril 1860, citée et traduite par M. Dupont-White dans l'*introduction* au traité du *Gouvernement représentatif*.

mille auront assurément leurs jours de chômage.
Alors se lèvera pour vos institutions le grand jour
de l'épreuve. La détresse rend partout le travailleur mécontent et mutin la proie naturelle de
l'agitateur qui lui représente combien est injuste
cette répartition où l'un possède des millions de
dollars, tandis que l'autre est en peine de son
repas. Chez nous, peu importe[1], car la classe souffrante n'est pas la classe gouvernante ;... mais,
lorsque les États-Unis auront à affronter de
pareilles épreuves dans le courant du siècle prochain, peut-être même dans le siècle où nous
vivons, comment vous en tirerez-vous ? Je vous
souhaite de tout cœur une heureuse délivrance ;
mais ma raison et mes souhaits ont peine à s'entendre, et je ne puis m'empêcher de prévoir ce
qu'il y a de pire. Il est clair comme le jour que
votre gouvernement ne sera jamais capable de
contenir une majorité souffrante et irritée, car
chez vous la majorité est le gouvernement, et les
riches, qui sont en minorité, sont absolument à sa
merci. Un jour viendra dans l'État de New-York
où la multitude, entre une moitié de déjeuner et
la perspective d'une moitié de dîner, nommera les
législateurs. Est-il possible de concevoir un doute
sur le genre de législateurs qui sera nommé ? D'un

---

1. M. Macaulay ne dirait plus « *peu importe* » aujourd'hui,
après les terribles épreuves des grèves de Manchester et des
crimes de Sheffield, et sous le coup des menaces de l'avenir.

côté, un homme d'État prêchant la patience, le respect des droits acquis, l'observance de la foi publique; d'un autre côté, un démagogue déclamant contre la tyrannie des capitalistes et des usuriers, et se demandant pourquoi les uns boivent du vin de Champagne et se promènent en voiture, tandis que tant d'honnêtes gens manquent du nécessaire. Lequel de ces candidats, pensez-vous, aura la préférence de l'ouvrier qui vient d'entendre ses enfants lui demander du pain? J'en ai bien peur, vous ferez alors de ces choses après lesquelles la prospérité ne peut plus reparaître. Alors, ou quelque César, quelque Napoléon prendra d'une main puissante les rênes du gouvernement, ou votre république sera aussi affreusement pillée et ravagée au xxᵉ siècle que l'a été l'empire romain par les barbares du vᵉ siècle, avec cette différence que les dévastateurs de l'empire romain, les Huns et les Vandales, venaient du dehors, tandis que vos barbares seront les enfants de votre pays et l'œuvre de vos institutions. »

Ainsi la démocratie américaine elle-même se trouverait un jour en face de la question sociale. Ce jour peut être prévu, presque annoncé à une date fixe; mais, quelle que soit la justesse de ces prévisions pour ce qui concerne les États-Unis, il n'est guère contestable que le péril au moins, sinon la certitude des catastrophes, existe pour toutes les sociétés démocratiques, puisque dans chacune d'elles il y a une majorité de pauvres en opposition complète d'intérêts apparents avec une minorité de riches. — Supposons, si l'on veut, la majorité suffisamment intelligente pour comprendre qu'il n'est pas de son intérêt d'affaiblir la propriété, et qu'elle serait affaiblie par tout acte de spoliation arbitraire. M. Mill montre à merveille que même alors il y a grande chance d'oppression pour la classe la moins nombreuse, et qu'il est plus d'une espèce de tyrannie à craindre de la part de la classe dominante. Par exemple, le gouvernement de la majorité ne sera-t-il pas tenté de rejeter sur les détenteurs de ce qu'on appelle la propriété foncière et sur les revenus les plus gros une part excessive du fardeau de l'impôt, ou même ce fardeau tout entier ? N'y a-t-il pas à craindre qu'il n'augmente les impôts sans scrupule, sous prétexte qu'il les dépense au profit et dans l'intérêt de la classe ouvrière ? — Supposons encore une minorité d'ouvriers habiles et une majorité inhabile, l'expérience de nombreuses associations ouvrières justifie la crainte de voir imposer comme une obligation l'égalité des salaires, c'est-à-dire une dure iniquité, et de voir abolir l'ouvrage à la pièce ou toute autre pratique destinée à garantir une récompense supérieure à une activité ou à des talents supérieurs. L'expérience de ce qui se passe dans les réunions publiques des ouvriers et dans les assemblées des grèves nous autorise à penser que l'intérêt et le sentiment dans lequel gouvernerait une majorité de travailleurs aboutiraient à une série de mesures législatives en contradiction avec la liberté individuelle, tendant à élever par décrets les salaires ou à limiter la concurrence sur le marché du travail, à établir des taxes ou des restrictions au sujet des machines qui suppléent les bras, enfin à protéger d'une manière abusive le producteur indigène contre l'industrie étrangère[1]. Il est hors de doute qu'aucune de ces pratiques législatives ne serait dans l'intérêt véritable de la classe la plus nombreuse, et que de pareilles armes se retourneraient contre les mains qui les emploieraient; mais peut-on raisonnablement prévoir que dans ce cas, où tant de passions et de misères sont en jeu, l'intérêt réel l'emporterait sur l'intérêt apparent? Les classes supérieures savent-elles bien elles-mêmes faire cette distinction, et se déterminent-elles toujours par les considérations de l'ordre le plus élevé? Comment espérer du suffrage universel, qui assure la majorité aux classes ouvrières, plus de discernement et de raison? Ce n'est pas leur intérêt qu'il faut considérer dans cet ordre de questions, c'est l'opinion qu'elles s'en forment, et c'est cette opinion qu'il faut craindre, c'est elle qui peut les amener un jour à des actes de véritable tyrannie. Ce n'est pas par de stériles déclamations sur l'héroïsme, sur le désintéressement du peuple, que l'on conjure de si graves périls.

1. M. Mill, le *Gouvernement représentatif*, p. 144.

Le peuple n'est pas un être idéal et abstrait; c'est un composé d'instincts très-divers, d'ignorances, de souffrances trop réelles, de sentiments fort inégaux et variables, que des souffles contraires peuvent soulever, capable de toutes les grandeurs et de tous les excès. Et là où il sera le maître absolu, qui peut répondre des influences qu'il subira, des directions qu'il prendra, de sa sagesse ou de sa folie ?

Nous pourrions appliquer le même raisonnement aux autres droits par lesquels s'exprime la liberté individuelle, par exemple à ceux qui constituent la liberté de conscience. Nous verrions que tous courent plus d'un risque de la part de ce souverain unique des sociétés modernes, la majorité, le nombre. N'avons-nous pas entendu récemment les menaces de l'*anticoncile* convoqué à Naples en opposition avec le concile de Rome, et dont le programme contenait cet étrange article : « attendu que l'idée de l'Être suprême est la clef de voûte de tous les despotismes, la révolution devra travailler à son abolition dans le monde entier. » Comment cela et par quels moyens? Par la discussion? A la bonne heure ; mais il n'est pas besoin de rendre des décrets pour cela. Par la force? La proposition seule serait absurde et odieuse. Nous nous défions de toutes les sortes d'intolérance ; celle de la démagogie prend parfois un caractère de monstrueuse lâcheté. Celle-ci nous l'avons vue à l'œuvre. Jusque-là ses procédés de discussion

avaient été la violence et l'injure. Une fois libre
et maîtresse du terrain, elle a remplacé les injures
par des coups de fusil. — C'est le délire d'une
foule. Soit; mais une foule peut devenir majorité.
Supposez qu'elle le devienne un jour et que ce
fanatisme sanguinaire prenne une apparence de
légalité, que deviendrait le droit dans cette société
déshonorée par la force?

Alarmes chimériques! nous dira-t-on. On pouvait le dire, il y a quelques années; on n'oserait
pas le dire maintenant. Ces craintes ne semblaient
déjà pas vaines à ces profonds observateurs des
conditions de la société moderne que nous aimons à
citer parce que leurs jugements, même sévères, sur
la démocratie, sont ceux d'amis courageux et per-
spicaces. Le triomphe croissant de la démocratie
leur inspirait de vives inquiétudes, si la prépondérance des masses ne trouvait pas son contre-poids
quelque part. Or où peut-on trouver ce contre-poids
sinon dans le droit de l'individu, lequel, à le bien
considérer, est le droit de tout le monde? C'est
de l'équilibre à maintenir entre l'individu et le
nombre que dépend l'avenir glorieux ou sinistre
des démocraties. Malheureusement c'est aussi sur
ce point que se divisent les deux grandes écoles
vouées à l'étude de ce problème, l'école radicale
et l'école libérale : la première, portée irrésisti-
blement par ses instincts, par ses traditions, à
sacrifier une partie du droit individuel à la prépondérance des masses; la seconde, invincible-

ment attachée par des convictions qui ne sont pas sans péril à la défense du droit de l'individu contre toute oppression, quelle qu'elle soit, qu'elle vienne d'en haut ou d'en bas ; la première, substituant le pouvoir absolu du peuple aux autres formes de l'absolutisme, l'infaillibilité du nombre à celle du souverain, l'irresponsabilité des majorités à celle du bon plaisir ; la seconde, répudiant également toutes les formes, quelles qu'elles soient, de l'absolutisme, dépouillant le nouveau souverain, le nombre, de ses prestiges dangereux, cherchant la garantie suprême des sociétés démocratiques, non pas dans les illusions mystiques d'une infaillibilité nouvelle, celle du peuple, mais dans le droit autrement clair et certain de l'individu, la seule réalité saisissable, la seule chose sacrée après tout, puisqu'elle est à la fois l'objet, le principe et la mesure des institutions politiques. Entre les deux écoles, les moyens diffèrent comme les tendances : l'une soutient qu'il n'y a pas de transactions avec la vérité politique dont elle s'est arrogé le monopole, que cette vérité réclame une réalisation intégrale et immédiate ; c'est assez dire qu'elle tient pour les moyens révolutionnaires nécessaires à l'accomplissement de son œuvre. L'autre répudie absolument ces moyens, ne se fiant pas à la violence en fait de réformes, convaincue que ce qui se fait sans l'adhésion libre des esprits ne dure pas, et confiant à la discussion seule l'œuvre du progrès. Elle prend volontiers pour formule la thèse des libertés nécessaires qu'elle oppose victorieusement à la thèse des destructions nécessaires. Les noms de ces deux écoles indiquent suffisamment leur opposition. Qui dit libéral dit respect absolu de la liberté individuelle. Qui dit radical indique par là même le projet de changer jusqu'au fond l'organisation politique et sociale d'un pays, de reprendre la société par ses racines mêmes. On conçoit la terreur instinctive d'une société en présence de pareils engagements, qui ressemblent fort à des menaces. L'école radicale parlait un jour avec éloquence du crime qui consiste à faire des expériences politiques sur un peuple. Ne pourrait-on pas retourner contre elle ses apostrophes passionnées et lui dire : « Ce mot si froid d'expérience, lorsqu'il est appliqué au corps social, ne cache-t-il pas tout ce qu'il y a de plus cruel, de plus tragique dans les destinées de l'humanité? On peut faire des expériences avec un peuple, mais on n'en a pas le droit. Or que serait-ce que la pratique de toutes vos théories, sinon la plus aventureuse des expériences, une tentative d'alchimistes politiques pour faire passer l'organisation d'un peuple par les creusets de vos laboratoires? Croyez-vous en être quittes ensuite, si l'expérience échoue, en déclarant que vous vous êtes trompés, mais trop tard, quand toute la prospérité et la fortune d'un pays se seront évanouies en fumée? Croyez-vous que votre bonne foi, si complète qu'on la suppose, préservera votre nom des malédictions du pays que vous aurez perdu sans retour, et des justes anathèmes de l'histoire? »

La difficulté, je le sais, n'est pas de faire triompher dans les esprits éclairés la cause du droit individuel, l'unique raison d'être des démocraties libérales. L'œuvre malaisée est de garantir pratiquement ce droit de l'individu, toujours menacé dans nos sociétés modernes, et par la passion démocratique d'un prétendu progrès qui pour le réaliser recourt trop volontiers à la force, et par la passion de l'égalité qui croit se satisfaire par un nivellement brutal. On a remarqué fort justement que là où la démocratie est le pouvoir suprême, le *petit nombre* et à plus forte raison un *seul* ne sont pas assez forts pour soutenir les opinions dissidentes et les intérêts menacés. Il faut aviser pourtant à ce que la masse ne puisse pas écraser l'individu. Il faut à tout prix trouver un soutien social, un point d'appui pour les résistances individuelles à certaines tendances qui pourraient être abusives du pouvoir gouvernant, une protection, un point de ralliement pour les opinions et les intérêts que l'opinion la plus forte et l'intérêt prédominant regardent avec défaveur. Quel sera ce point d'appui? Il nous suffira d'avoir posé le problème et de l'avoir amené jusque-là. L'étude des moyens pratiques excéderait de beaucoup les limites que nous nous sommes fixées dans cette conclusion. Nous ne présenterons donc ni l'apologie ni la critique des artifices plus ou moins ingénieux ou des mesures salutaires par lesquels on pourrait trouver un correctif aux instincts dominateurs d'une majorité numérique. Quels freins pourrait-on opposer aux emportements de la mauvaise démocratie? Comment assurer l'inviolabilité du droit contre les tentatives de la force et du nombre? Comment doit-on s'y prendre pour tempérer l'élément numérique ou du moins pour le contenir dans sa sphère d'action par l'élément de la raison, gardienne du droit? Ici se pressent en foule les divers systèmes. Les uns n'ont de confiance que dans des restrictions graduées ou dans l'organisation du suffrage à deux degrés. D'autres se confient pour l'œuvre de préservation sociale à l'intelligence présumée, excluant du suffrage quiconque ne sait ni lire ni écrire, accordant à certaines catégories de personnes, pour leur instruction plus étendue, plusieurs suffrages, ce qu'on appelle le *suffrage plural,* garantissant enfin par d'ingénieux mécanismes de vote la représentation des minorités. D'autres enfin, se défiant de l'esprit, qui n'est pas, selon eux, le vrai contre-poids du nombre, cherchent ce correctif dans l'intervention de l'élément moral sous les formes les plus variées, par exemple certaines conditions d'âge qui excluraient du suffrage les témérités de la première jeunesse, certaines conditions de domicile qui, en attachant le citoyen à son foyer, lui donneraient l'esprit municipal, initiateur et garant de l'esprit politique, et frapperaient d'une sorte d'incapacité les nomades et les irréguliers du travail, — enfin un système qui attribuerait une plus grande valeur au suffrage du chef de famille par cette raison fort plausible qu'une famille, résumée dans le vote collectif de son chef, représente une plus grande somme d'intérêts matériels et moraux que le vote irresponsable d'un individu de passage au milieu de la société, sans lien avec l'avenir.

Nous ne discuterons aucun de ces systèmes, qui tous contiennent de curieux éléments d'étude pour le législateur. Notre intention était seulement de mettre dans tout son jour le problème par excellence de la politique contemporaine : la conciliation nécessaire du droit de l'individu avec la force des majorités. La garantie du droit individuel, voilà le critérium de la vraie démocratie. Il est là et non pas ailleurs. L'erreur de l'école radicale est de déplacer ce critérium et de le mettre dans telle institution politique plutôt que dans telle autre. Ni en théorie, ni en fait, la démocratie n'exclut aucune forme de gouvernement, sauf l'absolutisme, celui du souverain comme celui du peuple. Elle peut se réaliser d'une manière fort tolérable et sans aucune contradiction avec ses principes dans une monarchie constitutionnelle aussi bien que dans une république. En tout cas, elle ne consent à faire de la forme des gouvernements qu'une question secondaire. Elle place au premier rang des intérêts politiques la représentation loyale de la souveraineté et la garantie du droit individuel, s'arrangeant parfaitement du régime parlementaire, s'il devient évident que ce régime assure les meilleures conditions au maintien et à l'équilibre nécessaire de ces intérêts primordiaux, mais sans répudier pour cela l'institution républicaine, fixant seulement la date de son avénement définitif à l'époque plus ou moins incertaine encore où la république sera en mesure de rassurer tous les intérêts légitimes et de regagner la confiance de la nation en s'affranchissant de solidarités funestes. La seule chose que la vraie démocratie exclut comme incompatible avec son essence, c'est tout ce qui entrave ou diminue la personnalité humaine dans le libre déploiement de ses énergies, dans les applications diverses de son activité légitime. Le développement intégral, le degré d'excellence relative auquel peut arriver l'être humain, voilà ce qui juge en dernier ressort toutes les formes politiques et sociales. La valeur d'une démocratie se mesure sur la valeur pratique, intellectuelle et morale des individus qu'elle produit. Là où elle ferait peser sur l'individu l'injuste niveau d'une égalité brutale, ou le poids d'une violence, quelle qu'elle soit, qu'elle vienne d'un homme ou d'une minorité usurpatrice, ou même d'une majorité légale, là où elle entraverait l'essor d'une seule faculté, là enfin où un seul individu souffrirait dans la libre et légitime expansion de ses forces, ce serait le symptôme d'un mal organique qui mettrait en péril tôt ou tard l'existence même de la société. Ce serait en même temps le signe assuré que la démocratie a été faussée dans son principe et dans son esprit.

La conclusion pratique de ce livre, quelle doit-elle être ? Les derniers événements l'ont posée avec une netteté irréfutable, et c'est précisément celle que prépare et qu'amène logiquement le travail que l'on vient de lire.

La liberté, oui, mais la liberté sous la loi, supérieure à toutes les fantaisies des individus et même au despotisme du nombre, la liberté non pas théorique ou oratoire, mais pratique, non pas celle de l'État seulement, qui est une abstraction, mais celle de l'individu, qui est une réalité, voilà notre salut. Elle n'est qu'un leurre d'ambitieux, une déclamation de rhéteurs, une amorce pour la foule, un jeu sinistre de phrases ou de guillotine, quand les mœurs ne la soutiennent pas, et les mœurs de la liberté se résument en deux mots : la religion du droit, la passion de la loi.

C'est pour cela que la révolution est précisément le contraire de la liberté. — Quand cet axiome de la science historique et de la philosophie sera devenu celui de tout le monde, la liberté pourra être fondée en France. Jusque-là, non ! — La révolution, d'ailleurs, comprend la dictature comme l'insurrection. L'une n'est que l'ordre matériel, l'autre est le désordre pur.

Voilà ce qui nous apparaît clairement comme conclusion suprême des épreuves que vient de traverser la France. — La France! Peut-il y avoir un autre nom sur les lèvres et dans les cœurs, à l'heure troublée où nous sommes? Ah! qu'il se reconstitue enfin, ce cher et malheureux pays, par un acte libre et réfléchi de souveraineté nationale, en dehors de toute surprise et de toute contrainte, et surtout que dans le souvenir de ses désastres il puise l'horreur des coups de main qui déshonorent tout et des coups de force qui ne résolvent rien. Quel que soit le nom du régime sous lequel ces biens précieux nous seront garantis, l'égalité civile, la liberté politique et religieuse, un gouvernement constitutionnel, que ce régime soit le bienvenu, et qu'il n'y ait plus qu'une France au lieu des Frances multiples qui se dévorent entre elles! Ce vœu du bon sens, cet appel suprême à la concorde, est-ce donc une chimère, et ne verrons-nous jamais une France pacifique et réconciliée? Ce jour-là, malgré nos malheurs passés, quel pays serait plus fort, plus prospère que le nôtre? La paix civile serait le signe de notre grandeur renaissante, l'augure certain d'une fortune meilleure, la vraie revanche, principe et condition de toutes les autres.

TABLE DES MATIÈRES

PARIS. — J. CLAYE, IMPRIMEUR, 7, RUE SAINT-BENOIT. — [48]